JN162651

事例で学ぶ
金融商品取引被害の救済実務

三木俊博 編著

発行 🜨 民事法研究会

はしがき

　本格的な超高齢社会の到来に伴い、高齢者の金融商品取引による被害が以前に増して目立ってきている。国民の金融資産が約1700兆円と大規模なものとなり、よくいえばその効率的な運用助言をめざして、端的にいえばそれを営利機会と考えて、多くの金融商品取引業者（金商業者）が運用受託を積極的に働きかけている。伝統的な金融商品（株式・公社債・投資信託など）の品揃えを豊富にするだけでなく、金利や配当が高い（と見える）さまざまな新種の金融商品を開発・組成して販売活動を強化している。販売窓口も、従来の証券会社だけでなく、また、銀行・信用金庫のみならず、郵便局でも、と大きく広がっている。特に、損失を被る可能性を内在させた金融商品（リスク性商品）はそうでない金融商品よりも大きな事業収益を得られることから、社内において強力な販売態勢を構築したうえ、顧客層に向けた宣伝・普及に注力し、見込み顧客に向けた積極的な勧誘活動を展開・推進している。その第一線では、勢い、会社注力のリスク性商品を顧客投資家に「当てはめてゆく」ことや、その警戒心を呼び起こすこととなるリスク内容の説明を疎かにすることになりがちで、現に、そうなっているのが実情である。

　金商業者が、対象となる一般投資家にふさわしくないほどリスクの高い金融商品を十分な説明もなくかえって有利優良なものと強調して販売した場合には、違法不当な販売行為があったといえ、よって生じた損失は、単なる経済損失ではなく、法的な意味での損害といえるのであって、顧客投資家がひとり責めを負うべきものではない（自己責任の前提を欠いている）。そして、具体的な訴訟事例の積み重ねによって、判例法理において、金商業者の違法不当な販売行為によって顧客投資家が損害を被った場合には、その賠償を請求することができることがすでに確立されたものとなっている。

　しかし、そのような場合でも、金商業者は「損失補塡」はできないと称して「損賠賠償」を認めないことが多いため、被害救済＝損害回復は法的争訟

はしがき

手続を経由しなければならないこととなる。法的争訟手続には、民事調停や
ADR 手続も含まれるが、双方の言い分（事実経過と法令判断）が食い違うと
きには、最終解決は弁護士関与による民事訴訟によらざるを得ない。

　本書は、高齢者層を中心とする一般投資家が金商業者の違法不当な販売行
為によって被害を被った場合における、弁護士による被害救済＝損害回復の
実践方法を紹介するものである。とりわけ、前記の実情に鑑みて、実際の判
決例・和解例をもとにした具体的事例を設定して、担当弁護士が、どのよう
に事実関係を調査し、どのように分析して法律構成に行き着くか、どのよう
に訴訟前の証拠保全を行うか、どのように訴訟を進めるか、をわかりやすく
紹介し解説するものである。

　私は、一般投資家の金融商品取引被害に広く各地の弁護士が取り組む機縁
となった平成 3 年・4 年頃の「ワラント被害」顕在化の際に、日本弁護士連
合会（消費者問題対策委員会）の『証券取引被害救済の手引』（初版：平成 5 年
6 月。現在は『金融商品取引被害救済の手引』と改題されて六訂版刊行）の執
筆・編集にかかわった。以来、四半世紀近くが過ぎようとしている。その間、
弁護士による金融商品取引の被害救済の取組みは、着実に地歩を固め、紆余
曲折を経つつも地道に前進を続けており、本格的な高齢化社会の中でその役
割はますます大きくなると思われる。本書が紹介する具体的事例に即した実
践方法が、いま、そして、今後、高齢者層を中心とする一般投資家の被害救
済に取り組む各地の弁護士に役立ち、引いては損害回復が果たされることを
願い、執筆者一同と共に、ここに本書を送り出す次第である。

　平成28年 7 月

執筆者を代表して　弁護士　三木　俊博

事例で学ぶ金融商品取引被害の救済実務

目　　次

第1部　総　論

第1章　金融商品取引被害をめぐる状況と問題点 〈三木　俊博〉

- 1　なぜ、いま、被害が多発しているのか………………………………… 2
- 2　本書が主として何（どの分野）を取り上げているか………… 4
- 3　金融商品取引の「被害」とは何か…………………………………… 6
- 4　被害回復の道筋…………………………………………………………… 7

第2章　問題となる違法類型・争点 〈田端　聡〉

- 1　はじめに…………………………………………………………………… 9
- 2　適合性原則違反…………………………………………………………… 9
  - (1)　意義と内容…………………………………………………………… 9
  - (2)　最高裁平成17年7月14日判決………………………………………10
  - (3)　訴訟における主張立証………………………………………………11
  - (4)　「狭義」「広義」の議論について…………………………………15
- 3　説明義務違反………………………………………………………………19
  - (1)　信義則上の説明義務の意義と内容…………………………………19
  - (2)　金融商品販売法等が定める説明義務との関係……………………20
  - (3)　総合判断の必要性……………………………………………………22
  - (4)　代表的な裁判例………………………………………………………24
  - (5)　適合性原則との関係…………………………………………………29

第3章　損害論 〈松田　繁三〉

- 1　損害の考え方・遅延損害金の起算点…………………………………32
- 2　申込手数料…………………………………………………………………33
- 3　分配金の損害額からの控除対象額は税引金額であること………33
- 4　過失相殺と損益相殺の先後関係………………………………………34
- 5　保有中の金融商品についての賠償請求………………………………35
  - (1)　当初の金融商品を保有したままの場合……………………………35

3

目　次

　　(2)　当初の金融商品と形態が変化した場合……………………35

[第4章]　**事件の進め方と注意点**……………………37

　▶1　基本的な金融商品取引被害事件　〈内橋　一郎〉
　　(1)　相　談……………………37
　　(2)　裁判例の調査・確認……………………39
　　(3)　資料収集──証拠保全を中心に……………………39
　　(4)　証拠保全後の対応……………………46
　　(5)　事件の進行と受任契約……………………47
　　(6)　取引終了の是非……………………47
　　(7)　訴訟以外の解決方法……………………48
　　(8)　提訴後の主張立証活動……………………49
　　(9)　原告本人尋問、外務員尋問……………………52
　▶2　デリバティブ取引の相談を受けたとき　〈中嶋　弘〉
　　(1)　はじめに……………………54
　　(2)　相　談……………………54
　　(3)　証拠保全をするか否か……………………58
　　(4)　損害額の計算……………………58
　　(5)　継続中の取引をどうするか……………………59
　　(6)　訴訟か ADR か……………………60
　　(7)　主張立証……………………61

[第5章]　**各種資料の活用**　〈加藤　進一郎〉

　▶1　顧客勘定元帳……………………72
　　(1)　顧客勘定元帳とは……………………72
　　(2)　顧客勘定元帳の読み方……………………73
　▶2　被害救済に有用な社内資料……………………76

4

目 次

第2部 各 論

第1章 株式現物（外国株）取引の事例 〈三木 俊博〉

▶1 事例の概要···88
  （1）遺産株の相続···88
  （2）被害に遭った経緯···88

▶2 受任相談段階···89
  （1）弁護士のところへ···89
  （2）愁訴から事実調査へ···89

▶3 事案調査段階···89
  （1）情報収集・資料入手···89
  （2）整理分析···92
  （3）事情聴取···95

▶4 訴訟提起段階···96
  （1）違法行為（請求原因）の特定·····································96
  （2）損害論···97

▶5 弁論・弁論準備段階···97
  （1）仕手株性（投機性昂進）の立証···································97
  （2）外国株の情報入手難の立証·······································98
  （3）過当取引の要件と立証──証券天救とエクセルグラフの
    併用···98

▶6 人証調べ段階···99
  （1）外務員尋問···99
  （2）Ｘ本人尋問···100

▶7 最終弁論と判決内容···100
  （1）最終弁論（総括書面）···100
  （2）判決内容···100

▶8 和 解···102

第2章 株式信用取引の事例 〈内橋 一郎〉

▶1 事例の概要···103
  （1）本件顧客の属性···103

5

目　次

　　　(2)　本件顧客の投資経験……………………………………………103
　　　(3)　本件取引の概要……………………………………………………103
　　　(4)　本件顧客の投資姿勢……………………………………………103
　　　(5)　本件取引の過度・過大性………………………………………104
　　　(6)　本件取引の破綻…………………………………………………104
　▶2　受任相談、事案調査段階…………………………………………104
　▶3　訴訟提起段階…………………………………………………………104
　　　(1)　過当取引の意義…………………………………………………104
　　　(2)　過当取引の要件…………………………………………………105
　　　(3)　控訴理由書、証拠保全申立て…………………………………108
　　　(4)　信用取引…………………………………………………………109
　▶4　弁論・弁論準備段階………………………………………………109
　▶5　人証調べ段階………………………………………………………110
　　　(1)　再度尋問実施の申請……………………………………………110
　　　(2)　新しい他社取引の判明…………………………………………110
　　　(3)　取引分析…………………………………………………………111
　▶6　最終弁論段階………………………………………………………112
　▶7　判　　決……………………………………………………………112
　▶8　最後に………………………………………………………………113

第3章　投資信託の事例①　〈松田　繁三〉

　▶1　事例の概要……………………………………………………………114
　　　(1)　事実関係…………………………………………………………114
　　　(2)　商品の内容………………………………………………………114
　▶2　受任相談段階………………………………………………………114
　▶3　事案調査段階………………………………………………………116
　　　(1)　情報収集・資料入手……………………………………………116
　　　(2)　整理・分析………………………………………………………116
　▶4　訴訟提起段階………………………………………………………117
　　　(1)　違法行為（請求原因）の特定…………………………………117
　　　(2)　適合性・説明義務を、誰を基準に判断すべきか……………118
　　　(3)　損害論……………………………………………………………118
　▶5　弁論・弁論準備段階………………………………………………118

(1)	相手方代理人の対応	118
(2)	カルテ・介護記録の収集	119
(3)	接触履歴等の提出要求	119
(4)	実兄Aの健康状態の悪化	120

▶ 6　人証調べ段階 120
(1)	当日に至るまでの経緯	120
(2)	P行員の証人尋問	120
(3)	養女Bの証人尋問	121
(4)	Q行員の証人尋問	122

▶ 7　和　解 122

▶ 8　最終弁論 122

▶ 9　判　決 123

▶ 10　最後に 123

第4章　投資信託の事例②　〈加藤　進一郎〉

▶ 1　事例の概要 124

▶ 2　第1審 124
(1)	受任相談段階	124
(2)	事案調査段階	125
(3)	訴訟提起段階	127
(4)	弁論・弁論準備段階	128
(5)	人証調べ段階	129
(6)	最終弁論	131
(7)	判　決	131

▶ 3　第2審 132
(1)	主　張	132
(2)	追加立証	133
(3)	判　決	133

▶ 4　最後に 137

第5章　商品混在型取引の事例　〈田端　聡〉

▶ 1　事例の概要 138

▶ 2　受任相談と訴訟の方針 139

目　次

> 3　訴訟活動……………………………………………………… 143
>> (1)　訴状と請求原因…………………………………………… 143
>> (2)　主張立証上の工夫………………………………………… 143
>> (3)　顧客カードの問題………………………………………… 146
>> (4)　証人尋問…………………………………………………… 148
>> (5)　最終準備書面……………………………………………… 149
> 4　判　　決……………………………………………………… 150
> 5　最後に………………………………………………………… 151

第6章　店頭デリバティブ取引の事例①　〈田端　聡〉

> 1　事例の概要…………………………………………………… 152
> 2　受任相談と訴訟の方針……………………………………… 154
>> (1)　取引内容の分析・検討…………………………………… 154
>> (2)　一見有利に見える取引条件と現実のリスクとの関係……… 155
>> (3)　検討結果…………………………………………………… 157
> 3　訴訟活動……………………………………………………… 157
>> (1)　訴状と請求原因…………………………………………… 157
>> (2)　主張立証上の工夫………………………………………… 158
>> (3)　裁判所の説得および主張の絞り込み…………………… 161
>> (4)　証人尋問…………………………………………………… 163
>> (5)　最終準備書面……………………………………………… 164
> 4　判　　決……………………………………………………… 164
> 5　最後に………………………………………………………… 165

第7章　店頭デリバティブ取引の事例②　〈中嶋　弘〉

> 1　事案の概要…………………………………………………… 167
> 2　相談および方針決定………………………………………… 168
>> (1)　取引内容の聴取…………………………………………… 168
>> (2)　取引分析…………………………………………………… 168
>> (3)　ヘッジニーズがないこと………………………………… 170
> 3　方針の決定…………………………………………………… 170
> 4　主張立証……………………………………………………… 171
>> (1)　本件通貨オプション取引の危険性、および、説明すべき

8

事項………………………………………………………171
(2) 当社の商流と、当社の仕入価格が為替相場の影響を受け
ないこと（ヘッジニーズがないこと）………………171
(3) 適用法令…………………………………………172
▶5 和　解………………………………………………172

第8章　仕組商品（EB債）の事例　〈松田　繁三〉

▶1 事例の概要………………………………………………173
(1) 属　性………………………………………………173
(2) 取引に至る経緯……………………………………173
(3) 本件取引の事実関係………………………………173
(4) 商品の内容…………………………………………174
▶2 相談および受任…………………………………………175
▶3 事実調査…………………………………………………175
(1) 資料収集……………………………………………175
(2) 証拠保全……………………………………………176
▶4 裁判所における訴訟活動………………………………176
(1) 訴訟提起および請求原因…………………………176
(2) 弁論・弁論準備段階………………………………177
(3) 証人尋問……………………………………………180
(4) 最終準備書面………………………………………181
(5) 判　決………………………………………………182
▶5 控訴審における訴訟活動………………………………182
(1) 控訴理由書…………………………………………182
(2) 控訴審判決…………………………………………184
▶6 最後に……………………………………………………184
〈コラム❶〉 仕組商品とは──EBを例に──　〈今井　孝直〉………186
〈コラム❷〉 仕組債のバリエーション　〈今井　孝直〉………………187

第9章　ノックイン投信の事例　〈田端　聡〉

▶1 事例の概要………………………………………………190
▶2 受任相談と訴訟の方針…………………………………191
(1) 問題の発覚と抗議…………………………………191

目　次

　　　(2)　訴訟提起の決断……………………………………………191
　▶ 3　訴訟活動………………………………………………………192
　　　(1)　訴状と請求原因…………………………………………192
　　　(2)　商品特性上の問題点の主張………………………………193
　　　(3)　顧客の属性等………………………………………………196
　　　(4)　内部資料の提出……………………………………………196
　　　(5)　証人尋問……………………………………………………197
　　　(6)　最終準備書面………………………………………………198
　▶ 4　判　　決………………………………………………………200
　▶ 5　最後に…………………………………………………………200
　〈コラム❸〉　ノックイン投信とは　〈今井　孝直〉……………202

第10章　仕組預金の事例　〈今井　孝直〉

　▶ 1　事例の概要……………………………………………………204
　　　(1)　被害者属性および被害額…………………………………204
　　　(2)　商品特性……………………………………………………204
　　　(3)　集中投資……………………………………………………204
　▶ 2　被害相談および受任…………………………………………205
　　　(1)　初回相談時の状況…………………………………………205
　　　(2)　受任に至るまで……………………………………………206
　▶ 3　事実調査………………………………………………………206
　　　(1)　資料収集……………………………………………………206
　　　(2)　証拠保全手続………………………………………………207
　▶ 4　訴訟活動………………………………………………………207
　　　(1)　訴訟提起および請求原因…………………………………207
　　　(2)　主張における力点①──Xの意向・実情………………207
　　　(3)　主張における力点②──集中投資の問題………………208
　▶ 5　人証調べ………………………………………………………210
　▶ 6　和解成立………………………………………………………210
　▶ 7　最後に…………………………………………………………211
　▶ 8　補　　足………………………………………………………211
　〈コラム❹〉　仕組預金とは　〈今井　孝直〉……………………212

目　次

資　料

　① 法令諸規則の概要…………………………………………………216
　② 書式例………………………………………………………………218
　　【書式1】 資料提出申入書…………………………………………218
　　【書式2】 証拠保全申立書…………………………………………220
　　【書式3】 文書提出命令申立書……………………………………227
　③ 参考図書……………………………………………………………232

・執筆者一覧……………………………………………………………233

凡　例

凡　例

【法令】

金商法	金融商品取引法
金商業等府令、業府令	金融商品取引業等に関する内閣府令
金融商品販売法、金販法	金融商品の販売等に関する法律
個人情報保護法	個人情報の保護に関する法律
消契法	消費者契約法

【判例集・雑誌】

民集	最高裁判所民事判例集
判時	判例時報
判タ	判例タイムズ
金判	金融・商事判例
金法	金融法務事情
セレクト	証券取引被害判例セレクト
判解民	最高裁判所判例解説民事篇
商事	旬刊商事法務

【その他】

金融庁監督指針	金融庁「金融商品取引業者等向けの総合的な監督指針」
監視委検査マニュアル	証券取引監視委員会「金融商品取引業者等検査マニュアル」
国民生活センター	独立行政法人国民生活センター
金商業者	金融商品取引法上の金融商品取引業者のほか、リスク性金融商品（投資商品）を取り扱う銀行（ゆうちょ銀行を含む）、信用金庫等を含む。

■第1部■

総　論

Part 1

第1部 総 論

第1章 金融商品取引被害をめぐる 状況と問題点

1 なぜ、いま、被害が多発しているのか

　わが国における高齢社会の到来（実は我が国だけではなく先進諸国に共通の
こと）とともに、高齢者の投資被害あるいは金融商品による被害が以前に増
して目立つようになっている。その背景には、国民の金融資産が約1700兆円
と規模の大きなものとなり（2014年12月末。日銀「2014年資金循環統計」）、よ
くいえばその効率的な運用助言をめざして、端的にいえばそれを営利機会と
考えて、多くの金商業者がその運用受託を積極的に働きかけていることがあ
る。多数の国民の中でも高齢者層の方々は、長年月の間に貯金貯蓄に励んで
きており、また、まとまった退職金を受け取っていることもあって、かなり
多額の金融資産を保有している（総務省「家計調査（平成26年）」によれば、65
歳以上世帯の貯蓄現在高（平均）は約2500万円となっている）ということがあり
ながら、他方で、近時の銀行預金の超低金利化と公的年金の先行き不安から、
保有資産の運用にあたって、よりよい金利・配当（運用成果）を求める指向
性を強めている。それに合わせて、金商業者は、伝統的な金融商品（株式・
公社債・投資信託など）の品揃えを豊富にするだけでなく、金利や配当が高
い（ように見える）さまざまな新種の金融商品を開発・組成して販売活動を
強化している。販売窓口も、従来の証券会社だけでなく、また、銀行・信用
金庫のみならず、郵便局でも、と大きく広がって、ずいぶん身近に感じられ
るようになってきた。インターネット上で販売・購入が容易にできるように
もなっている。

　このように、とりわけ高齢者層がよりよい金利・配当を求める指向に対応
して、金商業者側の販売攻勢、とりわけ損失を被る可能性を内在させた金融

第1章　金融商品取引被害をめぐる状況と問題点

商品（リスク性商品）の販売攻勢が強まっているにもかかわらず、高齢者層の大半は、それまでの生活体験の中で、もっぱら元本が保証された金融商品（貯蓄性あるいは非リスク性商品）には馴染んでいても、リスク性商品に関しては甚だ知識と経験が乏しいというのが実情である。また、免許業種である証券会社・銀行・郵便局等いわゆる金融機関に対する基本的な信頼感を持っており、そこが推奨してくる金融商品は自分にとってふさわしい（適合している）ものであろうと信頼しているのも偽らざる実情である。

　他方で、金商業者にあっては、リスク性商品の販売は非リスク性商品の販売よりも大きな事業収益を得られることから、社内において強力な販売態勢を構築したうえ、顧客層に向けた宣伝・普及に注力し、第一線での販売活動においても、見込み顧客に向けた積極的な勧誘活動を展開・推進していることは周知のとおりである。これを「販売圧力が高まっている」と言うが、その圧力上昇の下で、第一線では、勢い、会社注力の金融商品を顧客投資家に「当てはめていく」ことや、その警戒心を呼び起こすこととなるリスク内容の説明を疎かにすることになりがちで、現に、そうなっているのが実情である。

　そして、そうであるにもかかわらず、攻勢対象とされる高齢者層の顧客投資家は、対象商品のリスク内容を自ら吟味・検討する知識・経験を持ち合わせておらず、かえって、その道の専門家たる金商業者が適切なものを推奨してくれていると思って、容易にその勧誘を受け入れることとなっている。しかし、目先によい金利・配当を提供する金融商品は、高いリスクを内在させているのであり、遅かれ早かれ、そのリスクが顕在化して、実際に損失を被ることとならざるを得ない。そのときになってはじめて、「話が違う」「これほどまでの損失を被る可能性があるとは聞かされていない」「自分にふさわしい金融商品ではなかった」「被害に遭った」と気づくに至るという次第である。

　ところで、金融商品の組成・流通に関係する法律面も、近年、大きく変化

3

第1部　総　論

している。今では少し古いこととなるが、四半世紀前のバブル崩壊に伴う証
券不祥事事件を契機として平成4年に「証券取引等監視委員会」が創設され
金融商品の組成・流通に関する公的監視体制が強化された後、政府主導によ
り英国に倣って「日本版金融ビッグバン」政策が推進され、大幅な金融緩和
が実行されてきた。その中で、伝統的な株式・公社債・投信の範囲内でも新
種の金融商品ができ、また、その枠を超える全く新種の仕組商品や派生商品
（デリバティブ取引）も数多く登場し、さらには、かつては個人投資家に販売
されることが少なかった外国株式・外国債券・外国投信も広く販売されるよ
うになっている。そして、販売窓口が証券会社だけでなく、銀行・信用金
庫・郵便局にまで急速に拡大していることは、すでに指摘したとおりである。
そこで、それらを包括的に規制するため、既往の証券取引法が大きく改正さ
れて、平成19年秋から金融商品取引法が施行された。並行して、金融商品販
売法も改正・施行されている。銀行・信用金庫・郵便局もそれら金融商品2
法の規制に準じた法規制を受けている。金融商品2法では、金商業者に「公
正誠実義務」「適合性原則（遵守義務）」「説明義務」を課している。また、
同2法のみでなく、民法1条（信義則）に基づき確立された判例法理によっ
ても、「適合性原則（遵守義務）」「説明義務」が金商業者に課された注意義
務であることは明らかとなっている。にもかかわらず、すでに指摘した金商
業者による営利優先の販売攻勢の中で、「公正誠実義務」「適合性原則（遵守
義務）」「説明義務」がなかなか遵守されず、かえって、「不実告知」「重要事
項の不告知（重要なリスク事項を説明しないこと）」が繰り返される事態とな
っており、そのことが高齢者層を中心とする被害多発の原因となっている。
なお、銀行・信用金庫・郵便局に対しても同種同様の法的規制が課されてい
るが、やはり前同様の被害が生じている。

2　本書が主として何（どの分野）を取り上げているか

　現在、私達の周囲で起きている金融商品取引の被害を、いま少し具体的に

第1章　金融商品取引被害をめぐる状況と問題点

みると、未公開株詐欺のような純然たる詐欺商品から証券会社・銀行・郵便局が販売する正規の金融商品までかなり幅が広い。純然たる詐欺商品でも、未公開株・未公開社債のほかにも「匿名組合方式」による「集団投資事業」への投資（出資）などさまざまな商品形態のものがある。たとえば、匿名組合形式による架空のエビ養殖事業への出資（ワールドオーシャンファーム事件）や、架空の水資源開発事業への出資、最近では東京オリンピックの競技場建設を請け負う会社の社債の購入を謳って劇場型勧誘を行うものも登場している。

　それらは、あまりにも多種多様に上るので、本書では、元本が保証された預貯金商品は除外し（被害が生じ難い）、未公開株詐欺のような純然たる詐欺商品も除外して、もっぱら、投資元本や利金・配当金が変動する（元本保証のない）投資商品を取り上げる。それら投資商品は、主に証券会社・銀行・郵便局が販売している。保険会社が販売する保険商品にも償還金額が変動する変種の商品があるが（変額年金保険等）、これも本書の対象からは除外する。

　その結果、本書では、広義でいう金融商品の中でも、もっぱら証券会社・銀行・郵便局が主に高齢者層を中心とする個人投資家に向けて勧誘販売しており、被害の発生が目立っている投資商品（リスク性金融商品）を取り上げることとなる。伝統的な株式取引（外国株を含む）、リスク度合いの高い株式信用取引、リスクの高い投資信託や投資信託の乗換え売買、新種で難解な仕組債券・仕組投信・仕組預金、小規模事業者の被害が目立つ為替系デリバティブ取引（派生商品）などである。

　なお、本書では取り上げなかったが、確かに金利も高いが為替リスクがずいぶん高い外国債券（たとえば新興国トルコの通貨リラ建ての銀行債券）、高配当も見込めるが融資レバレッジが掛かっていて元本割れリスクのずいぶん高い非上場不動産投資信託などの被害事例も少なくない。また、高齢者・初心者を対象にし、国内株式を外国株式に模様替えして回転売買（過当取引）を誘導するという伝統的な違法不当行為の事例も後を絶たない。

5

第1部　総　論

3　金融商品取引の「被害」とは何か

　ここで、そもそも、金融商品取引の「被害」とは何か、をあらためて確認しておこう。リスク性金融商品＝投資商品には投資リスクが内在している。投資家は、リスクを引き受けてリターンを追求している。したがって、損失を被ったことのみをもって、被害を被った、法的な損害を被ったとはいえない。リターンを得ようとしてリスクをとった以上は、そのリスクが実際に発現して、実際に損失を被ったとしても、自己決定に伴う自己責任の範囲内の問題であって、誰か関係者に責任を問うことはできないからである。

　しかし、金商業者が対象となる顧客投資家にふさわしくないほどリスクの高い投資商品を十分な説明もなくかえって有利優良なものと強調して販売した等の場合には、すなわち、違法不当な販売行為があった場合には、そのことによって生じた損失は、顧客投資家がひとり責めを負うものではなく（自己責任の前提を欠いている）、違法不当な販売行為による「被害」であり「損害」であるといえる。確かに、その場合でも直接的にはその損失は市場価格の変動や発行会社の破綻などによって現実化するものではあるが、そのような事態への直面が金商業者の勧誘行為・業務行為によって惹き起こされ、そこに違法不当な言動が主たる役割を果たしている以上、その損失が違法不当な販売行為による「被害」であり「損害」であることは否定され得ない。換言すれば、その両者の間に十分な因果関係があるということである。

　ところで、わが国の基本法制では、取引行為にあっては信義誠実の原則が働くとともに（民法1条：信義則）、故意過失をもって相手方の権利利益を侵害した加害者は、被害者たる相手方の被った損害を賠償しなければならないこととなっている（民法709条：不法行為）。また、金融商品販売法では、金融商品の重要事項につき十分な説明を行わなかったり、断定的な判断を提供したりした場合には、金商業者は顧客投資家の被った損害を賠償しなければならないことを規定している（金販法3条〜5条）。金商業者との間に契約的

6

第 1 章　金融商品取引被害をめぐる状況と問題点

関係がある場合には、契約違反として損害賠償が認められる（民法415条：債務不履行）。ちなみに、金融商品取引法では、その前提として、金商業者の「誠実公正義務」（金商法36条）、「適合性原則（遵守義務）」（同法40条）、「（説明内容記載）書面交付義務」（同法37条の３）を規定するとともに、虚偽告知・誤導告知と断定的判断の提供と説明義務違反などを明確に禁止している（同法38条）。

　以上の結果、判例法理において、金商業者の違法不当な勧誘行為・業務行為によって顧客投資家がリスク性金融商品＝投資商品を購入・保有・売却などしたことで金銭損失を被った場合には、それを法的な損害として金商業者に対してその賠償を請求することができることが確立されたものとなっている。

　ちなみに、金融商品の販売と購入は消費者契約法の適用対象でもある。消費者契約法でも、不実告知と重要事項の不告知および断定的判断提供を禁止しており、金商業者が禁止行為に違反したときには契約を取り消して、支払済みの代金の返還を求め得る。

　なお、付言するに、何ら違法不当な行為がない場合には、たとえ損失を被ったとしても損害賠償は求め得ず（自己責任の範囲内のこととなる）、あえて求めれば（あるいは応じれば）「損失補填」と評価され、法制上禁止された行為となる（金商法39条）。

4　被害回復の道筋

　以上の次第で、金融商品取引の被害回復を図るには、金融商品を組成・販売する過程において金商業者による違法不当な言動があったか否かを明らかにすることが必要不可欠である。そのためには、まず、客観的な取引関係を明確にしたうえで（これを「取引分析」という）、次に、それに基づきつつ被害者の体験事実を聴取して具体的な事実関係を整理するとともに、さらに進んで、その事実関係に露出している金商業者の作為あるいは伏在している不

7

第1部　総　論

作為など種々の違法不当行為を摘出するという作業経過を経ることとなる。その作業過程によって、請求の原因となる客観的取引関係と言動的事実関係および勧誘行為・業務行為における違法不当行為が整理され得て、そこからおのずと法律構成も明確になってくる。

　それと並行して、被害者が手持ちしている関係証拠の要否・軽重が検討・淘汰されるとともに、重要証拠であるものの、被害者が手持ちしておらず金商業者が社内保管しているものが浮かび上がってくる場合には、それらについて、個別事案の事情に応じてのことであろうが、できる限り起訴前証拠保全手続で入手しておくことが望ましい。

　なお、最も当初に必要な客観的な取引分析のことだが、その情報を記帳している資料が「顧客勘定元帳」である。被害者がこれを手持ちしていない場合には、速やかに、これを金商業者から入手することが必要である。顧客勘定元帳は法定帳票であるので（金商法46条の２）、金商業者に請求すれば任意での提出を受けられる（ただし、手数料を求めるところもある）。

　以上によって請求の原因となる違法不当な行為を明確にするとともに、損害金額を整理すれば、相手方の金商業者に損害の賠償を請求する準備が調ったこととなる。

（三木　俊博）

第2章　問題となる違法類型・争点

1　はじめに

　金融商品取引被害において問題となる違法類型はさまざまであるが、数多くの裁判例が存在する代表的違法類型としては、適合性原則違反、説明義務違反、断定的判断の提供、無断売買、過当取引などがある。このうち、訴訟において顧客側が主張する違法類型として圧倒的多数を占めるのは、適合性原則違反、説明義務違反であるので、本章では、これらに関して解説を行うこととする（なお、近時は、各証券会社が顧客との電話会話を録音するようになったこともあってか、勧誘時の外務職員の発言内容が問題となる断定的判断の提供や、顧客の承諾の有無が問題となる無断売買が主たる争点となる事案は、減少傾向にあるように思われる。これらと異なり、過当取引は、株式取引を中心として近時も見受けられる被害類型であるが、これについては後記第2部第2章を参照されたい）。

2　適合性原則違反

(1)　意義と内容

　適合性原則は、金融商品取引における最も基本的な投資勧誘ルールであり、顧客の意向・資力・知識・経験・能力等に鑑みて、適合しない取引を勧誘してはならず、顧客の属性に最も適した取引を勧誘しなければならないという原則であり、アメリカの証券取引法や証券監督者国際機構（IOSCO）の行為規範原則においても定めのある国際的な投資勧誘ルールである。

　わが国においては、平成3年までは、通達や自主規制規則に同原則を具体化した規定があったものの、証券取引法上は明文規定がなかったのであるが、バブル崩壊や証券不祥事後の平成4年の法改正時に、大蔵大臣の是正監督命

9

第1部　総　論

令の対象となる行為という間接的な形で、同法54条1項1号にて初めて同原則が明文化された。さらに、平成10年の証券取引法改正においては、同原則が証券会社を名宛人とする禁止規定という最も直接的な形で規定されるに至り（同法43条）、平成18年6月に成立した金融商品取引法では、40条1号で「顧客の知識、経験、財産の状況及び金融商品取引契約を締結する目的に照らして不適当と認められる勧誘」の禁止という形で適合性原則が明記され、従前の証券取引法の規定にはなかった「目的」（投資意向ないし投資目的と同義といえる）も、条文に取り入れられた。

(2)　最高裁平成17年7月14日判決

最高裁平成17年7月14日判決（民集59巻6号1323頁）は、適合性原則違反が不法行為となることおよびその要件や判断方法を明らかにした重要な最高裁判例である。これ以前にも、適合性原則違反を根拠に不法行為の成立を認めた裁判例が散発的に存在したが、同判決以降は、適合性原則違反による不法行為の成否は常に同判決が判示した要件に沿って判断されており、顧客代理人にとっては、同判決を正しく理解して使いこなすことが必須となっている。

同判決の事案は、法人（水産会社）の「オプションの売り」取引を対象とした事案であったが、同判決は、まず、個別事案を離れた一般論として、「証券会社の担当者が、顧客の意向と実情に反して、明らかに過大な危険を伴う取引を積極的に勧誘するなど、適合性の原則から著しく逸脱した証券取引の勧誘をしてこれを行わせたときは、当該行為は不法行為法上も違法となる」との判示を行い、これによって、適合性原則違反が違法となる要件を示している。

次に同判決は、このことを判断するにあたっては、「単にオプションの売り取引という取引類型における一般的抽象的なリスクのみを考慮するのではなく、当該オプションの基礎商品が何か、当該オプションは上場商品とされているかどうかなどの具体的な商品特性を踏まえて、これとの相関関係にお

10

いて、顧客の投資経験、証券取引の知識、投資意向、財産状態等の諸要素を総合的に考慮する必要があるというべきである」として、適合性原則違反の判断における諸要素の総合的考慮の必要性を示している。

そして実際にも同判決は、個別事案の判断において、まずは具体的な商品特性に関し、「オプションの売り取引」が極めてリスクの高い取引類型で取引適合性の程度も相当に高度なものが要求されることや、それでも上場商品として広く投資者が取引に参加することを予定するもので当然に一般投資家の適合性を否定すべきものであるとはいえないとしたうえで、次に顧客側の事情や取引内容等の諸要素を一つひとつ丁寧に検討し、水産会社である顧客の豊富な資産や積極的な運用方針、資金運用の管理体制の存在、各種取引の巨額の経験と知識の蓄積、初期のオプション取引での利益や損失の経験、以後のオプション取引では自律的なリスク管理を行っていたこと、大きな損失を招いた大量の売建ては決算対策として行われていたことなどを指摘して、これらの事情を総合すれば、適合性原則違反による不法行為は成立しない、との判断を下している。

このように、結論においては適合性原則違反は否定されているわけであるが、単に資金や経験が豊富な株式会社であるという一事をもって適合性原則違反を否定するのではなく、高度な適合性が要求される商品特性との兼ね合いにおいて運用方針やリスク管理および取引の態様等にも踏み込んだ文字通りの「諸要素の総合的考慮」が行われている点は、極めて重要であり、実際の訴訟の場での適合性原則違反の主張立証にあたって、大いに参考にされる必要がある。

(3) 訴訟における主張立証

実際の訴訟の場での適合性原則違反の主張立証においては、以上の最高裁判決の判示内容を念頭においた訴訟活動を行う必要がある。具体的な商品特性と顧客の属性が極端に乖離している事案（難解でリスクが高い取引を、知識や経験も資産も乏しい高齢者に勧誘した事案など）では、その点だけに絞った

第1部 総 論

主張立証を行うことがかえって有効である場合もあろうが、多くのケースでは、単に商品特性と顧客の属性を主張するだけではなく、勧誘や取引の具体的な態様を含めた、当該事案における「総合的考慮」の対象となるべき「諸要素」を見極めたうえで、一つひとつ丁寧に主張立証していくことが重要にして必要であると思われる。

代表的な裁判例としては、まず、具体的な商品特性と顧客の属性に極端な乖離が見られる事案として、銀行が高齢者に預金を解約させるなどして仕組投資信託（いわゆるノックイン投信）を購入させた事案についての大阪地裁平成22年8月26日判決（判時2106号69頁・控訴審で和解）、大阪地裁平成25年2月20日判決（判時2195号78頁・確定）、銀行が認知症の高齢者に投資信託を購入させた事案についての大阪地裁平成25年10月21日判決（セレクト46巻12頁・控訴審で和解）、投資経験が全くなかった顧客の株価指数オプション取引に関する東京地裁平成26年5月15日判決（セレクト48巻205頁・控訴審で和解）などがある。

また、各個別取引の商品特性と顧客の属性を形式的に比較しただけでは適合性原則違反といえるか微妙と思われるケースにおいて、一連の取引全体としての諸事情の総合的考慮によって適合性原則違反を肯定した代表的な裁判例として、以下のものがある。これらの裁判例においては、ハイリスク商品への集中投資や取引態様、勧誘態様の問題（乗換売買の反復継続、顧客の意向や経験の無視ないし軽視、顧客の信頼の濫用など）なども判断要素として重視されたうえで、複数の投資信託を含む一連の取引全体としての適合性原則違反が認められている。

(A) 大阪地裁平成18年4月26日判決（判時1947号122頁・控訴審で和解）

本判決は、主婦であった顧客が、勧誘により夫の遺産たる株式を売却して投資信託を買い付け、以後、投資信託の乗換売買を中心としたさまざまな取引を約2年半にわたって行ったという事案において、前記最高裁判決を引用して適合性原則を論じたうえで、「単に株式投資信託等という取引類型にお

第2章　問題となる違法類型・争点

ける一般的抽象的なリスクのみを考慮するのではなく、当該投資信託等の投資方針・投資対象が何かなどの商品特性を、また、リスクの高い商品の場合には、その商品への投資金額、取引資金全体における割合等を、さらに、乗換売買の場合には、その規模・回数、目的・意向（元本重視の取引なのか、値上がり益を見越した積極的な取引なのか）といった内容等を踏まえて、これとの相関関係において、顧客の投資経験、証券取引の知識、投資意向、財産状態等の顧客の側の諸要素を総合的に考慮する必要がある」と判示し、結論においても、ハイリスク商品への集中投資や短期乗換売買が繰り返されていることなどを重視して、多数の取引全体について適合性原則違反を肯定している。

(B)　東京高裁平成19年5月30日判決（金判1287号37頁・確定）

　本判決の事案は、企業の管理職を務めた経験もあった顧客が、証券会社担当者にほぼ一任の状態で、株式や投資信託、仕組債（日経平均連動債やEB）などの多数の取引を頻繁に行って、損失を被ったというもので、1審判決は、EB取引についての説明義務違反だけを認め、その余の顧客の請求をすべて排斥していた。

　これに対して本判決は、証券会社担当社員が顧客の顧客カードの記載内容を無断で変更して投資方針が変わったかのような外形を作出したことや、顧客の投資方針は「収益性と安全性を対比するならば、なお安全性を重視するという限度にとどまっていた」ことを認定したうえで、証券会社担当社員は顧客の資産をリスクの高い商品に投入させる意図で取引を行って既成事実を積み重ね、顧客が証券会社担当社員の投資判断を一層信頼する一方で、父親の介護のため個別の投資の是非を検討する余裕がない状況にあったことに乗じて、個別の取引を一任させる心理状態に誘導し、事実上顧客の口座を支配して自在に取引するに至ったことを指摘し、「このような手段及び取引内容を有する事実上の一任取引は、顧客の証券取引に関する能力、投資姿勢、財産状態を無視し、顧客の信頼を濫用し顧客のリスクにおいて自分自身の成績

13

第1部　総　論

を上げようとし又は被告の利益を図る行為として、適合性の原則に違反し、社会通念上許容された限度を超える一任取引を行ったものとして、不法行為を構成するものというべきである」と判示している。

(C)　大阪高裁平成20年6月3日判決（金判1300号45頁・確定）

　複数の投資信託や仕組債（日経平均連動債）による損失が問題となった事案であり、1審判決は、顧客が歯科医の免許を持ち相続で約3億2000万円の金融資産を有していたことから、相当の資産と十分な判断力や理解力があったとし、いくつかの株式取引や株式投資信託の取引を自らの判断で行っていたことによる投資意欲や投資経験の蓄積も指摘して、適合性原則違反は否定し、説明義務違反だけを認めていた。

　これに対し、本判決は、前記最高裁判決を引用したうえで、対象商品の個別の特性やリスクの内容を詳細に検討して、「主体的積極的な投資判断を要する投資商品であり、リスク性の高い投資商品である」との判示を行い、顧客の知識や経験、資産の大半が本件投資商品に投じられていたことなどを総合的に考慮し、証券会社担当社員の勧誘行為は、「投資についての知識を持たず積極的な投資意向もない原告に対し、原告の投資経験に注意を払わず、原告の投資意向を確認しないまま、原告の意向と実情に反し、堅実な株式投資から転じて、明らかに過大な危険を伴う商品のみの取引に、そして額においても一個人の投資目論見には到底及ばない桁に達する取引へと積極的に誘導したものであり、適合性の原則から著しく逸脱した証券取引勧誘に該当する」として、適合性原則違反を肯定した。

(D)　神戸地裁姫路支部平成27年4月15日判決（セレクト49巻247頁・確定）

　事案は、会社員であった顧客が頻繁な信用取引によって損失を被ったというものであったところ、本判決は、まず、信用取引の勧誘自体が適合性に反するかという観点からの検討を加え、顧客の投資意向が元本重視とまではいえないことや、その学歴や社会経験、現に信用取引の仕組みやリスクについ

第2章　問題となる違法類型・争点

て一応の理解はしていたと認められることなどを理由に、およそ信用取引を自己責任で行う適性を欠き、取引市場から排除すべき者であったとまでは認められないと判示した。

しかし、続いて本判決は、「信用取引を勧誘すること自体については、適合性の原則に反していたとは認められないものの、さらに、本件信用取引の具体的な取引状況ないし実態を踏まえ、適合性の原則から著しく逸脱して不法行為法上も違法となるか否かについて検討する」として、取引の経緯や状況の詳細な検討を行って、証券会社担当社員らは顧客の理解や知識が不足し取引状況の的確な把握ができていないことを認識しながら、繰り返し、顧客の理解力や判断力等を超える取引を行わせたと判示し、さらに取引の頻繁さ等を売買回転率等の数値をもって指摘し、「多数回にわたり、しかも、種々の取引銘柄について、短期間に取引を繰り返すのは、原告にとっては困難であるといわざるを得ない」と判示し、手数料額が差損額に占める割合の高さも指摘した。そして本判決は、「以上、本件信用取引における具体的な取引状況、取引回数、保有期間、売買回転率、差損合計に占める手数料額の割合等のほか、……本件信用取引開始時の原告の金融資産は約1000万円であり、およそ余裕資金とはいえない財産状態であることや、原告の投資目的は中長期で投資資産の増大を追求するというものであったことに照らすと、本件信用取引は、原告にとっては明らかに過大な危険を伴うものであり、適合性の原則に反し、全体として違法であり、不法行為であると認めるのが相当である」と判示している。

(4)　「狭義」「広義」の議論について

(A)　問題の所在

ところで、前記最高裁判決の解釈に関しては、「狭義の適合性原則」と「広義の適合性原則」を観念したうえで、同判決は「狭義の適合性原則」に関して判示を行ったものであるとする見解が有力に呈されており（判解民平成17年度(下)など）、このような区別が訴訟においても殊更に問題とされること

15

第1部　総　論

がある。

　本来、このような形式的・観念的な分類は、学術的な議論や立法・行政における規制の検討の場面においては意味があっても、現実の訴訟の場における「適合性原則違反による不法行為」の成否に関し、十分に機能し得るものではない。現に「狭義」「広義」の区分の是非やその意義および効果は、論者によって異なっているのが実情である。

　にもかかわらず、訴訟の場での金商業者からの主張においては、同判決が「狭義の適合性原則」だけに関するものであることを前提に、「狭義の適合性原則（違反）」は、当該顧客を当該取引自体から排除すべきような場合に限られ、同判決もそのように解すべきであるとの見解が呈されることが少なくない。これでは、具体的な商品特性と顧客の属性に極端な乖離がある場合にのみ適合性原則違反が認められ、それ以外の事情は一切考慮されないこととなりかねず、このような考え方は、法人顧客には適合性原則違反はあり得ないとか、投資信託のような代表的金融商品には適合性原則違反は認め難いといった、形式的・限定的な思考に繋がりやすいといえる。

　⒝　**形式的・限定的な考え方の誤り**

　しかし、同判決が、このように適合性原則違反を形式的に判断して適用場面を狭く限定する立場をとっていないことは、前記の判示内容から明らかである。同判決の判示するところによれば、「具体的な商品特性との相関関係における諸要素の総合的考慮」という総合的・実質的な判断によって「顧客の意向と実情に反した明らかに過大な危険を伴う取引が積極的に勧誘された」と認められれば、適合性原則違反による不法行為が成立することとなるのである。

　実際にも、前記⑶のとおり、同判決以後の裁判例には、同判決に依拠した「諸要素の総合的考慮」によって、判断能力や資産状況に極端な問題があったわけではない顧客との関係で、一般的に販売されている投資信託等に関しても適合性原則違反が認められたケースも少なくない。また、前記神戸地裁

姫路支部平成27年4月15日判決（セレクト49巻247頁・確定）は、まず信用取引の勧誘自体が適合性に反するかという観点からの検討を加えてこれを否定しながら、次に「具体的な取引状況ないし実態」を踏まえた総合判断を行って適合性原則違反による不法行為を認めており、かかる判断は、「当該取引自体から排除すべきか否か」という形式的で狭い問題とは別レベルで、当該事案の諸要素の総合的考慮による適合性原則違反の検討が必要であることを直截に示すものとして、実に適切であり、重要である。

　このような前記最高裁判決の判示内容を踏まえたうえで、あえて同判決を「狭義の適合性原則」に関するものと位置づけて整理するのであれば、同判決の要件に従って不法行為と判断されるものが「狭義の適合性原則（違反）」であって、それ以外の場面で問題となるのが「広義の適合性原則」であると解すべきこととなろう（「広義の適合性原則」も、説明義務との関係では重要となり、後記のとおり、かかる適合性の問題は説明義務違反の判断の重要な要素となる）。しかし、これとは逆に、「狭義」「広義」の区別や意味付けを先に行ったうえで、ここに同判決を無理矢理に押し込めて同判決が述べる要件に反した限定を行うことは、判例の解釈としてあまりにも無理があり、失当であると言わざるを得ないのである（なお、山田剛志「銀行によるデリバティブ取引と法人顧客の適合性——最判平成25年3月7日及び最判平成25年3月24日判決を題材に——」判タ1410号35頁では、「狭義」「広義」の議論を意識しつつもこれに限定されることなく、伝統的な違法性に関する相関関係説の観点から前記最高裁判決を検討したうえで、同判決が言う「著しい違反」については、さまざまなファクターを相関関係的に理解して不法行為法上違法となるか否かを判断するものと理解すべきとの見解が呈されている。同判決の内容に忠実な解釈を行ったものとして、大いに参考になる）。

(C)　排除の論理について

　また、金商業者からは、同判決が当該事案に関する判断の結論部分において「取引市場から排除されるべき者であったとはいえない」と判示している

第1部　総　論

ことを強調して、これが前記のような限定的な解釈の根拠となるかのような主張が行われることがある。

　しかし、同判決のうち判例としての意義を有する「適合性原則違反が不法行為となる要件」の判示部分には、「取引市場から排除されるべき者か否か」などという要素ないし要件に触れた記述は一切ない。同判決は、オプション取引に関して検討されるべき商品特性として「上場商品とされているかどうか」を指摘し、さらに当該事案のオプション取引が上場商品であることが適合性原則違反を否定する方向に働く要素となる旨を詳細に判示しており（その中では、上場オプション取引については、一般投資家を一律に取引市場から排除するのではなく、自己責任を問い得る条件を付与して取引市場に参入させようとする考え方がとられていることが指摘されている）、そのうえで、かような流れを受けた事例判断の結論部分において、この事案の顧客はこのような上場取引の市場からあえて排除しなければならない顧客ではないとの判断を示したにすぎない。また、現に同判決は、前記(2)のとおり、自らが判示した要件に沿って、顧客側の事情や取引内容等の諸要素を一つひとつ丁寧に検討したうえでの総合判断により、適合性原則違反による不法行為の成否を判断しているのであり、その具体的判示内容からも、単純な排除の論理だけで判断を行えば足るとの前提（要件部分で述べられていない前提）に立っているとは、到底考えられない。

　にもかかわらず、殊更にかかる事例判断部分の「取引市場から排除」との文言を取り出して、これをもって同判決が事例判断に先立って判例としての意義を持つ判断として明示した「適合性原則違反が不法行為となる要件」を狭く限定することは、やはり判例の解釈としてあまりにも無理があり、失当である。

(D)　最後に

　以上のとおりであるから、訴訟において主張立証を行うにあたっては、以上のような「狭義」「広義」の区別の曖昧さや混乱、これらを用いて殊更に

適合性原則違反の適用場面を限定しようとする議論に惑わされることなく、あくまで前記最高裁判決の判示内容に従って、同判決以降の同判決に正しく依拠した前記のような裁判例も参考としつつ、対象商品の具体的な商品特性や顧客側の意向と実情、さらには勧誘態様や説明態様等を含めた「諸要素の総合的考慮」による適合性原則違反の主張立証を行うべきである。

3　説明義務違反

(1)　信義則上の説明義務の意義と内容

金融商品取引における説明義務（信義則上の説明義務）の法理は、現在の金融商品販売法のように正面から説明義務を定めた法律上の規定がなかった時期に、バブル崩壊後のワラント被害をはじめとする多数の証券取引被害訴訟における裁判例によって、確立されてきたものである。

その代表例としては、ワラント被害に関する東京高裁平成8年11月27日判決（判時1587号72頁）がある。同判決は、証券会社およびその使用人は、「投資家の職業、年齢、証券取引に関する知識、経験、資力等に照らして、当該証券取引による利益やリスクに関する的確な情報の提供や説明を行い、投資家がこれについての正しい理解を形成した上で、その自主的な判断に基づいて当該の証券取引を行うか否かを決することができるように配慮すべき信義則上の義務（以下、単に『説明義務』という。）を負うものというべきであり、証券会社及びその使用人が、右義務に違反して取引勧誘を行ったために投資家が損害を被ったときは、不法行為を構成し、損害賠償責任を免れないものというべきである」と判示して、顧客全面敗訴であった1審判決を覆し、説明義務違反による不法行為を認めている。そして同判決は、最高裁平成10年6月11日判決（セレクト8巻315頁）によって、証券会社の上告が棄却され確定している。他にも、この時期には、高等裁判所での説明義務違反による顧客逆転勝訴判決および最高裁判所における証券会社の上告を棄却する判決が相次いでいる（投資信託被害に関する大阪高裁平成9年5月30日判決・判時1619

19

第1部　総　論

号78頁および最高裁平成10年6月25日判決・金法1522号92頁、ワラント被害に関
する東京高裁平成9年7月10日判決・判タ984号201頁および最高裁平成10年6月
30日判決・セレクト10巻84頁など）。

　その後は、信義則上の説明義務違反による不法行為を認めた裁判例は枚挙
に暇がない状態にあり、全国証券問題研究会の判例データベースでは、合計
約300件の判決が紹介されている。近時の代表例をあげておけば、大阪高裁
平成24年5月22日判決（金判1412号24頁）は、株式会社である顧客の仕組債
被害について、「証券会社は、条理上または信義則上、一般投資家である顧
客に対して証券投資を勧誘するに当たっては、当該顧客に対し、当該投資の
内容並びに当該顧客の投資に関する知識、経験、理解力及び意向等に応じて、
その自己責任の下に適切な投資判断を行わせるために必要な当該投資商品の
仕組みや危険性等に関する情報を提供し、具体的に理解できる程度に説明を
行う義務を負う」として、顧客全面敗訴であった1審判決を覆し、説明義務
違反による不法行為の成立を認めている。また、この判決に対しては、証券
会社が上告受理申立てを行ったが、上告不受理決定がなされて確定するに至
っている。

(2)　金融商品販売法等が定める説明義務との関係

　以上のような判例法理による信義則上の説明義務の確立を受けて、平成13
年4月より施行された金融商品販売法は、すべての一般顧客との関係におけ
るほぼすべてのリスク商品の販売（一定範囲の顧客や商品は適用除外となる）
について、損害賠償責任と直結した一般的な説明義務を規定している（同法
3条・6条）。ただし、同法の説明義務は、勧誘を前提としていない点で従来
の判例法理以上に顧客保護を重視したであるものの、反面、あらゆる一般顧
客、ほぼすべての金融商品を対象に、勧誘すら要件とせずに損害賠償に直結
する義務を認めた関係上、同法が定める説明対象事項は形式的・一般的事項
に限定され、極めてレベルの低い内容となっていた。それでも、平成18年6
月の改正においては、「取引の仕組みのうちの重要な部分」が説明を要する

第2章　問題となる違法類型・争点

事項に追加され（同法3条1項）、さらに、顧客への説明は、「顧客の知識、経験、財産の状況及び当該金融商品の販売に係る契約を締結する目的」に照らして「当該顧客に理解されるために必要な方法及び程度によるものでなければならない」（同条2項）とされるに至っており、同法の説明義務のレベルも、判例法理上の説明義務に相当に近づくに至っている。

　それでも、金融商品販売法上の説明義務については、その内容や適用範囲を狭く限定しようとする見解は根強く、やはり実務的には、勧誘を要件としつつ個別事案の内容に即した諸事情の総合判断によって説明義務違反の有無が判断されることとなる信義則上の説明義務違反が主張されることが多いし、現在までの顧客勝訴の裁判例をみても、信義則上の説明義務違反が肯定されているケースが圧倒的多数である。

　また、金融商品取引法上も、同法38条8号および金商業等府令117条1項1号において、契約締結前交付書面等の記載事項について「顧客の知識、経験、財産の状況及び金融商品取引契約を締結する目的に照らして当該顧客に理解されるために必要な方法及び程度による説明」をすることなく契約を締結すること禁じられているが、これについても、この説明義務の違反が独立して主張されることは少なく、書面の交付自体がなかったような事案でない限りは、信義則上の説明義務の根拠ないし具体的内容として活用されれば足るものと思われる。

　このようなこともあり、訴訟において、金商業者側からは、金融商品販売法や金融商品取引法上の説明義務に関する規定だけを取り出して、説明義務の範囲や程度を狭いものと決め付ける主張が行われることがあるが、その当否は別としても、これらが定める説明義務は勧誘を要件とすることなく取引全般に適用されるものであるから、これらに関する議論を、個別事案における勧誘に際しての信義則上の説明義務にそのまま当てはめようとすることは、誤りであると言わざるを得ない。これらの法律上の規定は、実質的には「説明義務に関する一般法」として機能するが、具体的事案の内容によっては、

21

第1部　総　論

より具体的な（より高度な）信義則上の説明義務が認められる場合があり、金商業者がこれに違反した場合には、不法行為責任が生じるわけである。この点について、名古屋高裁平成26年10月9日判決（第一法規判例データベース）は、金融商品販売法上の説明義務は尽くされていたとの証券会社の主張に対し、かかる説明義務が尽くされていても信義則上の注意義務に違反すれば不法行為責任を負う旨を判示して、証券会社の主張は採用できないとし、信義則上の説明義務違反を認めている（なお、大阪高裁平成27年12月10日判決・金判1483号26頁は、仕組債被害の事案において、不法行為の主張と金融商品販売法違反の主張が選択的に行われていた中で、金融商品取引法上の契約締結前交付書面が交付されていなかったことを重要な要素として金融商品販売法上の説明義務違反を認め、過失相殺を行わずに顧客の損害賠償請求を認容しており、事案によってはこれらの規定をあわせて主張しておくことも重要である）。

(3)　総合判断の必要性

　前記のとおり、適合性原則違反の判断に関しては、最高裁平成17年7月14日判決が諸要素の総合的考慮の必要性を明示しているが、かような総合的考慮（総合判断）の必要性は、同じく不法行為の成否の判断となる説明義務違反の判断に関しても、同様であるといえる。

　これに対して、訴訟の場での裁判所の訴訟指揮や金商業者からの主張においては、「説明すべき事項」を具体的に（たとえば箇条書きで）個別に特定して、それらについて何らかの説明があったか否かを問題にすれば足るかのような見解が呈されることがあるが、多くの場合、このような判断手法は信義則上の説明義務違反の有無の判断としては全く不十分である。対象商品の商品特性やリスクについて「一応の説明」「形式的な説明」があった場合でも、当該個別事案における固有の事情によっては、これでは足らないとされることがあり、諸事情の総合判断によって説明義務違反が肯定されることが少なくない。

　この点については、後記(4)で紹介するものをはじめ、多数の裁判例が、上

第2章　問題となる違法類型・争点

記のような適合性原則違反に関する判断枠組みと同様の諸事情の総合判断によって、当該取引のリスクの質や程度を当該顧客に理解させるためにいかなる説明が必要であったか、実際に当該顧客が理解できるだけの説明があったかを検討して、説明義務違反の有無を決している。適合性原則の適用場面と同様に、「販売業者からの勧誘」が前提にあるため、説明義務に関しても、顧客の属性や諸事情に応じた「事案ごと、顧客ごとの説明義務」の履行の有無が問題となるわけである。そして、このような判断枠組みに従って個別事案における総合判断を行うに際しては、「何を説明すべきであったか」という形式面より、「全体としてどのような勧誘が行われ、何が説明されて、何が説明されなかったのか」という実質面が重視されるべきことは当然である。このような総合判断においては、現実の勧誘・説明の際の諸事情を総合的に考慮して、「全体として当該顧客が自己責任で判断できるようリスクの質と程度を具体的に理解させるに足る説明」があったといえるかを判断することとなるのであって、一般論として「説明すべき事項」を一律に決めたうえでの形式的・機械的な当てはめを行うことは、適切とはいえないのである。

　以上のように説明義務が事案ごとの商品特性および顧客の属性を基礎に総合的に判断されるべきことは、平成26年7月の東京地方裁判所プラクティス委員会第三小委員会「金融商品に係る投資被害の回復に関する訴訟をめぐる諸問題」判タ1400号5頁でも指摘されている。ここでは、近時の裁判例（顧客敗訴判決も多数含まれている）の分析・検討に基づいて、説明義務の範囲や程度に関し、以下のような指摘が行われている。まず、各裁判例の分析・検討の結果として、「上記の各裁判例の多くにおいては、これらのリスクが生じる条件や可能性、リスクが生じた場合の具体的な程度、リスク回避手段の有無（例えば、途中解約制限条項の有無、流通市場の存否）等について、投資者が正確に理解し、主体的に、得ることができる利益と生じ得るリスクとを比較し、投資の当否を判断することができるような説明をすることが求められていると考えられる」とされている（同44頁）。続いて、金利スワップに

23

第1部　総　論

関して説明義務違反を否定した最高裁平成25年3月7日判決および同3月26日判決（判時2185号64頁）については、「これらも、商品の内容が単純であることと投資者の属性を前提として、説明義務の範囲を判断しており、それぞれの事例に依存したその事例限りのものであるといえよう」として、同判決から汎用性ある説明義務の範囲を導くことは困難であり、事例ごとの具体的な商品特性や顧客の属性から説明義務の範囲を確定していく必要があることが示されている（同44頁～45頁）。そのうえで、実際の訴訟手続の中では、「説明義務違反の有無につき判断するためには、①当該金融商品の商品特性と、②顧客の知識、経験等とを踏まえて、③顧客が当該金融商品の取引の仕組みの重要な部分及びリスクについて理解するに足る説明がされたか否かについて審理する必要がある」との指摘が行われている（同62頁）。

　なお、金商業者からは、上記最高裁平成25年3月7日判決および同3月26日判決の判示内容が、説明義務一般にそのまま当てはまるかのような主張がなされることがあるが、上記の東京地方裁判所プラクティス委員会第三小委員会も指摘しているとおり、これらの判決はその内容自体から事例判決であることが明らかであり、まさに「それぞれの事例に依存したその事例限りのもの」にすぎず、上記のような主張は誤りである。この点は、これらの判決に関する多数の判例評釈等においてもほぼ異論をみないところであるし、現にこれらの判決は「最高裁判所民事判例集」には掲載されずに「最高裁判所裁判集民事編」に掲載されており、「判例」とは位置付けられていない。

(4)　代表的な裁判例

　以上に述べたところを、多数の訴訟が提起されている仕組債についての訴訟を中心に、代表的な裁判例における説明義務違反の判示内容に即して示せば、以下のとおりである。

(A)　大阪高裁平成20年6月3日判決（金判1300号45頁・確定）

　資産豊富な歯科医であった女性の仕組債（日経平均連動債）や投資信託の取引に関し、適合性原則違反を認めたうえで、説明義務違反についても、

24

「証券会社は、信義則上、一般投資家である顧客を証券取引に勧誘するにあたり、投資の適否について的確に判断し、自己責任で取引を行うために必要な情報である当該投資商品の仕組みや危険性等について、当該顧客がそれらを具体的に理解することができる程度の説明を当該顧客の投資経験、知識、理解力等に応じて行う義務を負う」との一般論を判示したうえで、対象商品の商品特性と顧客の意向と実情、勧誘の態様における諸事情を総合的に検討して、説明義務違反を認めている。

　すなわち、本判決は、前記仕組債等が「その特質、仕組みを理解することが容易なものではなく、相対的に高いリスクをはらむ投資商品である」との認定や、顧客にもともと投資経験がなく積極的な投資意向もなかったとの認定を行ったうえで、これらを前提に、このような顧客が、勧誘に対して即決に近い形で、一部上場有名企業の比較的安定した株式の売却代金、預金、公社債投信など安定した資産を躊躇なく購入原資にあてるなどして約2億1630万円を本件投資商品に投じたことは、顧客が各種投資商品の中での本件投資商品の位置づけを理解していないままであり、その仕組みやリスクについてほとんど理解していなかったこと、代金にあてるために処分した上記資産との間でのリスクの区別ができていなかったことを示すものであるとし、また、担当社員による説明資料を交付しての説明を認めることはできず、担当社員が投資経験に注意を払わず、投資意向を確認していないことからすれば、顧客が仕組みやリスクを理解できていたかについて関心が低く、顧客が理解できるよう説明を尽くそうとの意識をほとんど持ち合わせていなかったと認めることができるとして、説明義務違反は明らかであるとしている。

(B)　大阪高裁平成20年11月20日判決（判時2041号50頁・確定）

　マイカル社債に関して信用リスクの説明義務が問題となった事案であり、1審判決では、顧客側が主張した説明義務の問題が個別に分断され、「この事項は説明義務はない」「この事項は説明すべきであったが説明されていた」との著しく形式的な判断により、顧客全面敗訴となっていた。

第1部　総　論

　これに対し、本判決は、「証券会社及びその従業員は、一般投資家に対し、証券取引を勧誘するに当たっては、当該顧客が自主的な判断に基づいて当該取引を行うか否かを判断する前提として、顧客の年齢、知識、投資経験、投資傾向及び理解力等その属性に応じて、当該証券取引の内容、仕組み及び取引に伴うリスクの内容とその仕組みについて説明すべき信義則上の義務を負っている」としたうえで、さらに、「当該社債のリスクの有無及び程度といった具体的信用リスクに関する重要な情報について、証券会社は一般投資家に対して、その年齢、職業、知識、投資経験及び投資傾向等当該投資家の属性に応じて、これを提供し、説明すべき義務を有する場合があると解するのが相当である」とし、「このような説明義務の違反があったかどうかは、当該投資家の属性に照らして、そのような情報提供及び説明が当該投資家の投資判断を左右するに足りるものであったかどうかが検討されるべきである」と判示した。

　つまり本判決は、説明すべき情報や説明義務違反の有無は、機械的・形式的に決せられるものではなく、顧客の属性や説明内容の総合判断において検討されるべきことを明らかにしているのである。そのうえで本判決は、事情に応じた検討を行って、3名の顧客につき説明義務違反を認めている。

(C)　東京高裁平成23年10月19日判決（セレクト41巻50頁・確定）

　本判決は、株式会社の代表者である顧客が、難解でリスクの高い株価指数2倍連動債によって損失を被った事案において、証券会社が主張するとおりの説明があったことを認定しながら、そのような説明をもって顧客が投資判断をするうえで必要十分な情報が提供されているといえるかは慎重に吟味する必要があるとし、対象の仕組債の商品特性上の問題を指摘したうえで、「これを販売商品として扱う金融取引業者等には、そのリスクの内容を具体的かつ正確に認識させ、顧客が冷静かつ慎重な判断が可能となるよう、過不足のない情報提供を行い説明を尽くすことが要求される」と判示している。そして本判決は、証券会社担当社員の説明内容も説明資料の記載内容もこの

第2章　問題となる違法類型・争点

ような要求を満たすものではなかったとし、担当社員が「相当程度具体的な説明を行っていたとはいえ、顧客が本件仕組債の性質、特徴、リスクの具体的な内容を正確に理解していたことをうかがわせる証拠はない。むしろ、……上記……で指摘した問題点も踏まえるならば、顧客がそうした理解を欠いていたとしても無理からぬところがあるのであって、……実際にもそうした理解を欠いたまま本件取引を行ったものと認めるのが相当である」として、説明義務違反を認めている。

　つまり本判決も、形式的な一応の説明があれば足るとはせずに、当該仕組債の商品特性上の問題との相関関係において高度の説明義務を措定し、そのうえで説明状況全般を検討して、全体としての説明義務違反を肯定しているのである。

(D)　大阪地裁平成23年12月19日判決（金判1385号26頁・控訴審で和解）

　本判決も、リーマン・ブラザーズ・トレジャリー発行のEB（株式系の仕組債）を対象とする事案において、その商品特性や顧客の意向と実情、さらには勧誘の態様をも考慮して、事案の内容に即した説明義務を措定し、総合判断によって説明義務違反を肯定している。

　すなわち、本判決は、対象たる仕組債の具体的な商品特性と顧客の意向と実情との相関関係において顧客の適合性に疑問があることを指摘したうえで、「本件仕組み債の商品特性、特に本件各リスクについて、実際に原告が損失を被るおそれがあることを十分理解し認識できる程度に適正かつ十分に説明していなかった場合には、説明義務違反として不法行為を構成する」としている。そして本判決は、外形的事実としては、一見、証券会社担当社員らは対象たる仕組債の仕組みやリスクを一通り説明し、顧客もこれを理解したようにみえるとしつつ、勧誘行為の不適切な態様や具体的発言内容を深く検討して、「原告のリスクに関する認識が希薄になっている部分を補正し、本件各リスクに公平に目配りをして解説することにより、原告が株価変動リスクないし元本変動リスクのみならず、信用リスクや流動性リスクが発生する危

27

第1部　総　論

険性についても冷静かつ十分に認識できる状態になるような説明をしなけれ
ば、説明を尽くしたことにはならない」とし、本件勧誘は形式的・手続的な
説明は実施されているとしても、実質的にみると、初心者の原告にとって全
体として著しく不適切な勧誘の中、本件各リスクのうち、特に信用リスクや
流動性リスクについて原告のために求められる十分な説明を尽くしていなか
ったという点において、説明義務に違反した違法なものと評価すべきである
と結論付けた。

⒠　大阪高裁平成24年5月22日判決（金判1412号24頁・上告受理申立不受理により確定）

　本判決も、株式会社である顧客の株価指数2倍連動債に関する事案におい
て、以上の各判決と同じ判断枠組みで、説明義務違反を認めている。

　本判決は、前記⑴で指摘したとおりの説明義務に関する一般論を述べると
ともに、顧客が対象たる仕組債を購入するに至った経緯と実情や、当該仕組
債の商品特性上の問題を指摘して、「これを勧誘する以上、顧客である控訴
人らに対し、控訴人らの自己責任において自らの投資意向に沿うかどうかを
見極めて適切な投資判断をすることができるよう、本件各商品の特徴やリス
ク等を十分に説明して、その理解を得させるべき義務を負っていたものとい
うべきである」と判示している。

　そして本判決は、証券会社担当社員が述べる説明内容はそれを裏づけるに
足りる的確な証拠はなく、当該事案の事実関係に照らせば当該仕組債の仕組
みやリスク等を理解できるよう十分な説明をしていなかったと推認するほか
ないとするなどし、さらには説明内容全般の不十分さや問題点の個別的な指
摘も行って、上記の説明義務が尽くされたとはいえないと判示し、説明義務
違反を認めている。

⒡　名古屋高裁平成26年10月9日判決（第一法規判例データベース）、名古屋地裁平成25年4月19日判決（同）

　これらの判決も、有限会社の代表取締役である顧客の株価指数2倍連動債

第2章　問題となる違法類型・争点

等の仕組債による被害の事案において、対象たる仕組債の商品特性上の問題を指摘したうえで、「これらの債券を販売する金融取引業者には、顧客の投資商品に関する知識、経験なども踏まえた上で、そのリスクの内容を具体的かつ正確に認識させ、顧客による冷静かつ慎重な判断が可能になるよう、過不足のない情報提供を行い、説明を尽くすことが求められる」と判示し、説明資料のわかりにくさや、元本毀損のリスクが生ずる条件とその場合の下落率についての一応の説明はあったものの、ノックインが生じる可能性の低さが強調された不適切な説明であったことなどを指摘して、説明義務違反を認めている（1審判決のこれらの判示内容が控訴審判決でもそのまま維持されている）。

(5)　適合性原則との関係

　以上のような諸事情の総合判断による説明義務違反の判断においては、適合性の有無や程度との関係が特に重要となる。この点については、すでに前記東京高裁平成8年11月27日判決（判時1587号72頁）が、「投資家の職業、年齢、証券取引に関する知識、経験、資力等に照らして」の的確な情報の提供や説明を行うことを求めていたことをはじめ、あらゆる裁判例が、このような顧客の属性等に照らして十分とされるだけの説明を求めており、この点は前記の金融商品販売法や金融商品取引法における説明義務の規定も同様である。

　実際上も、適合性を欠くか、そこまではいえずとも適合性に疑義がある取引を顧客にあえて勧誘する場合には、金商業者は、適合性の問題を払拭して顧客が自己責任による投資判断をなし得るだけの十分な説明を行わねばならず、かかる意味において説明義務は相当に高度なものとなり、結果としてこのような顧客が十分な理解に達しないまま取引を行ってしまった場合や、自らの意向に反した取引を行ってしまった場合には、説明義務違反が肯定されるべきこととなるのである。

　このように適合性の問題を説明義務違反に持ち込む判断手法は、古くから

29

第1部　総　論

裁判例において採用されており、たとえば前記大阪高裁平成9年5月30日判決（判時1619号78頁。最高裁平成10年6月25日判決・金法1522号92頁で上告棄却）を典型例として、完全に定着しているといえる。すなわち、同判決は、高齢者の投資信託被害について、顧客の属性や意向を子細に検討したうえで、適合性の問題に関しては、不適切な商品勧誘に当たるとまでは断定できないがその疑いがないとは言い切れないとし、このことを前提に高度の説明義務を措定して、仮に証券会社担当社員が説明を行っていたとしても顧客に伝わらなかったものと認めざるを得ないなどとして、現実に理解を得させることの必要性を前提として説明義務違反を認めており、以後、かような判断手法をとった裁判例は多数存在する（たとえば、前記(4)で紹介した大阪地裁平成23年12月19日判決・金判1385号26頁も、前記のとおり、顧客の適合性に疑問があることを指摘したうえで、説明資料や確認書に基づく一通りの説明があったことを認定しつつ、説明義務違反を認めている）。

　このことは、法人の仕組債取引やデリバティブ取引に関しても当てはまり、たとえば大阪地裁平成22年3月26日判決（金判1358号57頁・控訴審で和解）は、株式会社とその代表者である顧客に関し、「原告らは、仕組債や株式の取引に一定の理解があったことは認められるが、いわゆる一般投資家としての域を出ず、これまで、積極的に投資をして収益を求める態度にもなく、その投資方針からしても、本件各債券のような複雑な仕組みのハイリスクな商品を購入するだけの適合性があったかは疑問である」との判示を行い、以上を前提に、「特に誤解を与えないような説明が必要であった」として、説明義務違反を認めている。また、店頭デリバティブ取引（クーポンスワップ取引）についての大阪地裁平成24年4月25日判決（セレクト42巻273頁・控訴審で和解）も、株式会社である顧客との関係において、対象取引のリスクの高さや顧客の取引経験等から「完全に適合しているとは言えない」とし、適合性原則違反そのものは否定しつつも、形式的な一応の説明だけではなく、現実に顧客が被る可能性が想定される最大損失額や、追加担保の差入れが必要とな

第2章　問題となる違法類型・争点

ることの有無およびその条件、さらには、中途解約には解約清算金が必要となるため、中途解約が事実上困難なことをも説明すべき義務があったとして、説明義務違反を認めている。

　このように、適合性の問題は、適合性原則違反となるか否かだけではなく、説明義務の前提ないし判断要素として極めて重要である。したがって、どのような事案においても（適合性原則違反による不法行為までは容易には認められず、説明義務違反こそが争点となると思われる事案であっても）、説明義務の内容や程度を少しでも高めて説明義務違反の判断を得るために、適合性の程度に関する諸事情の主張立証を丁寧に行うことが肝要である。

（田端　聡）

31

第1部　総　論

第3章　損害論

1　損害の考え方・遅延損害金の起算点

　不法行為における損害は、一般には、不法行為がない場合と不法行為がなされた場合の財産等の状態の差額であると解されている（差額説）。

　これを前提に、金融商品取引訴訟の場合は、適合性原則違反や説明義務違反の勧誘がなければ、顧客はそもそも商品の購入代金を支払うことはなかったので、購入代金が損害になることを基本として考えるべきであるが、いくつかの論点が生じている。

　損害の発生時期について、金融商品の購入代金の支出額を損害とする考え方（支出説）と、金融商品の購入代金から売却代金や償還金等を控除した実損額を損害とする考え方（差損説）がある。詐欺的な取引の場合は、支出説が実態に沿うと考えられ、最高裁平成20年6月24日判決（判タ1275号79頁）は、米国債を購入すれば高額の配当金を得ることができると架空の事実を申し向けて金員を騙取した場合において、支出説によったと考えられる判示をした。しかし、通常の金融商品取引訴訟では、差損説をとった判例も多い。

　ただ、現実の処理としては、支出説と差損説によって、直ちに遅延損害金の起算点の差違につながるわけではない。購入代金を支出した時期から、満期償還まで相当期間存在し、その間に分配金を取得している場合、損害としては、分配金を控除して差損説として考えたとしても、判例上、遅延損害金の起算点は、支出時から認められる場合が多い。

　高木レジデンシャルという満期3年の不動産投資商品について、金融商品取引では珍しい集団事件となり、第1次から第9次までの事件につき、各地裁・高裁判決（以下、「高木判決」という）がなされ、この中で損害論について議論になったが、おおむね同じ考え方に収斂した。遅延損害金の起算点に

32

第3章 損害論

ついては、出捐日と償還日とで3年の差があるので、いずれの考え方による
かで元本の15％分という大きな差が生じるわけであるが、この点についても、
ほぼ全ての判決が、複数のファンドの勧誘を一連一体の不法行為と評価し、
最後のファンドを購入して出捐した日から起算する考え方をとった。

　顧客側代理人としては、当該違法勧誘が行われなければ、顧客が当該取引
を行わず出捐をすることもなかったから、出捐をした時期から遅延損害金が
発生すると考えるのが自然であるし、そのほうが、多額の遅延損害金を請求
することができて顧客保護に資するから、支出時に不法行為が完成すると考
えて支出時から遅延損害金を請求すべきであろう。ただし、多数の取引がな
され一連一体として位置づけられる場合は、これらの勧誘行為をその終了ま
で一連一体の不法行為として評価し、前記判例のように、遅延損害金の起算
点を最後のものを購入して出捐した日とするのが実務的である。

2　申込手数料

　当該違法勧誘が行われなければ、顧客が当該金融商品を購入することはな
く、したがって、その購入に要する手数料を支払うこともなかったのである
から、申込手数料も、相当因果関係のある損害として認められる。

　従来の金融商品取引事件の判例でも、手数料は、当然に取引による損失と
して損害の一部と考えられており、高木判決も同様である。

3　分配金の損害額からの控除対象額は税引金額であること

　購入した金融商品について分配金が支払われた場合は、これを損害額から
控除することになるが、現実に顧客に支払われる分配金は、税込金額から2
割の源泉徴収をされた金額なので、控除対象額が、税引前の金額か税引後の
手取り額かが問題となる。

　この点について、高木判決は、各地裁・高裁とも、原告らが分配金に係る
源泉徴収額の全部または一部に相当する所得税額について現実に還付を受け、

第1部　総　論

または還付を受けることができたことを認めるに足りる証拠はないから、原告らが現実に取得したわけではない源泉徴収額を損害額から控除するのは相当ではないとして、税引後の手取り額とすることで収斂した。

公刊裁判例として、大阪地裁平成23年4月28日判決（判タ1367号192頁）があるが、その他にも多くの同旨の判決がなされている。

4　過失相殺と損益相殺の先後関係

顧客が分配金および償還金として受領した場合、損害の算定にあたり、損益相殺と過失相殺の順序をどのようにすべきかが問題となる。この点、先に過失相殺をする考え方（A説）と、後に過失相殺をする考え方（B説）がある。A説により、先に過失相殺をした後に損益相殺をすると、その逆（B説）に比べて認容額は大きく減少する結果となる。

この点についても高木判決で問題となったが、顧客の出捐額から分配金や償還金を控除して損害額を確定した後に過失相殺をするというB説を採用することで、完全に収斂した。

高木判決は、被告の主張は、出資金額（および申込手数料）と出資金返還額との差額として損害額を算定し、これに過失相殺をした後の損害賠償額から分配金額を控除すべきことをいう趣旨と解されるが、このような算定方法（A説）によると、投資対象不動産の価格の下落による損失（レバレッジ効果による拡大部分を含む）については原告・被告間で過失割合に応じて負担することとしながら、分配金相当額の利益は被告に帰せられるべき損失の補塡にあてる結果となり、相当ではないと判示した。

確かに、先に過失相殺をする考え方（A説）は、原告の出捐額の損害については、原告と被告とで過失割合によって分担して負担しておきながら、分配金や償還金は全額損害の補塡にあてられ、被告だけに有利な結果となるから、失当である。この点、前記の支出説をベースとしても、必ずしもA説と論理的必然性はないので、顧客側代理人としては、顧客に有利となるB

第3章 損害論

説により主張すべきである。

5 保有中の金融商品についての賠償請求

⑴ 当初の金融商品を保有したままの場合

満期までの期間が長い金融商品で満期未了のもの（日経平均連動債等）や満期のない金融商品（満期のない投資信託や株式等）で、当該金融商品を保有しつつ損害賠償請求をする場合、金商業者から、保有中の金融商品について評価損を認めて損害賠償を請求することは不当であるとか、損害がない等の主張がなされることがある。

しかし、最高裁平成23年9月13日判決（民集65巻6号2511頁）は、有価証券報告書の虚偽記載により一般投資家が損害を被った事件につき、次の判示のとおり、保有中の株式は口頭弁論終結時の価格を基準として損害賠償請求ができることを明示して、請求を棄却した原審高裁判決を破棄しており、このような場合に損害賠償請求ができることは明らかである。

「有価証券報告書等に虚偽の記載がされている上場株式を取引所市場において取得した投資者が、当該虚偽記載がなければこれを取得することはなかったとみるべき場合、当該虚偽記載により上記投資者に生じた損害の額、すなわち当該虚偽記載と相当因果関係のある損害の額は、上記投資者が、当該虚偽記載の公表後、上記株式を取引所市場において処分したときはその取得価額と処分価額との差額を、また、上記株式を保有し続けているときはその取得価額と事実審の口頭弁論終結時の上記株式の市場価額（上場が廃止された場合にはその非上場株式としての評価額。以下同じ。）との差額をそれぞれ基礎とし、経済情勢、市場動向、当該会社の業績等当該虚偽記載に起因しない市場価額の下落分を上記差額から控除して、これを算定すべきものと解される」（下線筆者）。

⑵ 当初の金融商品と形態が変化した場合

EB債は、最終判定日に対象株式の株価が転換価格未満の場合には株式で

35

第1部　総　論

償還されるが、この償還株式を保有したまま損害賠償を請求する場合、同株式の口頭弁論終結時の価格を基準として損害を算定して請求することができる。それ以前に株式を売却した場合は、当初 EB 債の購入額と株式売却額との差額が損害となる。

　EB 債は、満期経過後には仕組債としては完了し、あとは償還された単純な株式を保有するだけになるので、その後は、その株式をいつ売却するかどうかという投資判断が介在することになり、償還後にさらに株価が下落した場合、償還と株価下落との因果関係が問題となり得るが、特段の事情のない限り、株価が下落したり株式を口頭弁論終結時まで保有したことは、当初の違法勧誘と相当因果関係の範囲内のことと評価され、損害額は上記の考え方で処理されることがおおむね異論なく承認されている。

　なお、以上の損害論についての個別の裁判例や因果関係に関する問題は、日本弁護士連合会消費者問題対策委員会編『金融商品取引被害救済の手引〔六訂版〕』120頁～139頁を参照されたい。

（松田　繁三）

第4章　事件の進め方と注意点

1　基本的な金融商品取引被害事件

(1)　相　談

(A)　はじめに

一口に金融商品取引被害といっても、多種多様である。

まず、金融商品の種類が多種多様である。伝統的な株式や投資信託の問題から、デリバティブ・仕組債等といった先端的問題まである。

一方、金融商品取引の被害者の方にも、金融商品取引の経験も知識も全くない方から、金融商品取引の経験豊かなベテランの方までいる（ただし、問題となっている当該金融商品については知識・経験のない場合が多い）。

さらに、相談を担当する弁護士の金融商品被害救済の知識・経験も多様である。

したがって、被害者の第1回目の相談といっても、被害にあった金融商品の種類と被害者の金融商品に対する知識・経験等の多様さから、必ずこうすべきであるという一義的なものはなく、相談に応じる弁護士に応じたそれぞれのやり方があるであろうが、第1回目の相談では重要ポイントを把握することが重要であることから、次のような段取りで臨むのが合理的ではないかと思われる。

なお、以下では、証券会社が相手方となる場合を念頭において解説するが、多くは他の金商業者にも当てはまるものである。

(B)　初回相談前の準備

筆者は、相談の予約を入れる際、できれば相談者の方に、事件のストーリー（筋）と相談者が当該取引について問題があると考えている点を、Ａ4のペーパー1枚～2枚に、簡単に文章化（箇条書きでもよい）してもらうこと

第1部　総　論

が多い（仮にこれを「事前メモ」と呼ぶこととする。事前メモも、作成すること
が困難な方もいれば、事前メモの作成を大儀に感じて嫌がる方もいるので、あく
まで「できれば」やってもらうだけで、決して無理強いはしない）。

　なぜ、そのようなことをするかというと、第1に、事前メモを作成するこ
とで相談者の方も事件の流れや問題を整理できることがあること、第2に、
限られた時間での相談であるため、事前メモに従って聞いていくことで相談
がスムーズに進みやすいこと、第3に、問題となっている金融商品がどのよ
うなもので、被害者の方がどのような知識・経験を有しているかをあらかじ
め予測することができるからである。

　たとえば、相談者の方が金融商品取引のベテランである場合に、弁護士が
基礎的な用語すら知らなかったとすれば、その段階で、相談者からの信頼を
得ることができなくなる可能性もある。また、近時のデリバティブや仕組債
等の先端的金融商品については、多少なりとも知識がなければ、相談を順調
に進めることは難しくなってしまう（むろん、近時の先端的金融商品は理解困
難なものが多いので、事前にその構造を調査し尽くすことはできないが、相談者
の話を聞くうえで相応の知識は必要であると思われる）。

　事前メモを読んで、わからない用語等がある時は、手持ちの書籍等で、あ
る程度の下調べをしておく必要がある（時間のないときは、インターネットで
概要を検索することも可能だが、インターネットの情報は真偽不明の情報も多く、
取捨選択する必要がある）。

(C)　相談者からの初回聞き取り

　被害者からの聞き取りの際には、被害者の方の手持ち資料（売買報告書、
取引残高報告書、パンフレット等勧誘資料、契約締結前交付書面、目論見書、各
種確認書等）を持参してもらう。

　そして、事前メモや手持ち資料等を照合しながら、相談者からの聞き取り
を進めていく。

　相談者の聞き取りを進めながら、訴訟で違法要素となるものがないかを探

第4章　事件の進め方と注意点

していく。

　相談者の中には、無断売買や断定的判断の提供等といった事実がなければ裁判では勝てないと誤解している方もいるので、そうではないことを説明しつつ、相談者から、違法要素となる事実はあるか、真の争点は何かを聞き取っていく。

(2)　裁判例の調査・確認

　相談者の方からの聞き取りによって、事案の概要をつかんだうえで、事案（属性、勧誘の態様等）や争点等が共通ないし類似する裁判例で、どのような資料が重要な意味合いを持って取り扱われているかを確認することにより、資料収集すべき重点がおのずと明らかになる。

(3)　資料収集──証拠保全を中心に

(A)　はじめに

　相談者からの聞き取りをする際に注意すべきことは、相談者が必ずしも取引経過を正確に記憶しているとは限らないということである。

　取引期間が長期にわたり、その間で多種の取引が行われているので、その前後関係を勘違いしていることもあれば、事実を誤解していることもあるし、一つのことが強く印象に残り、他の事実が欠落ないしやや歪められている場合もある。

　また、証券会社には種々の記録が残されているが、相談者には交付されておらず、たとえば確認書等に押印したことを忘れてしまっていることもある。

　したがって、相談者の記憶のみに従って提訴したところ、証券会社から反対証拠を提出され、訴訟で立ち往生する、ということにもなりかねない。

(B)　客観的資料の収集の必要性

　金融商品取引被害事件を受任するうえで、重要なことは、相談者の主観的記憶のみに頼らず、客観的資料をできるだけ収集することである。

　そして、証券会社には種々の記録が残されているが相談者にはそれらの記録が交付されていないものも多いことを考慮するならば、訴訟を遂行するう

39

第1部　総　論

えで必要な書類は、訴訟提起前に取得しておくことが望ましい。

　売買報告書や取引残高報告書等、継続的に送付されているものは、相談者が紛失して欠落している場合も多い。たとえば、過当取引等の場合は取引全体がわからなければ判断ができないので、相談者の取引全体を把握するために、顧客勘定元帳を証券会社から取り寄せてもらうこともある（過去の取引がどのようなものであったかは、相談者の知識・経験・投資意向にかかわることであるので、過当取引等の継続的取引に限らず、投資信託の乗換事案や仕組債等の場合等にも必要となる場合がある）。なお、顧客勘定元帳を取り寄せる理由を証券会社に説明する必要はなく、取引履歴の記録であり法定帳票でもあることから、求めれば顧客勘定元帳は開示される。

　取引残高報告書には、当該期間（3カ月間が多い）になされた取引内容（売り買い、建て落ち）と保有している銘柄の内容等が記載されている。その記載の仕方は、必ずしも読みやすいものではないが、当該期間の取引概要を把握することができる。記載の仕方は、証券会社によって若干の差異はあるが、ある証券会社の例をとれば、「預り証券残高」の明細欄には、株式・投資信託の区別、株式（現物株式）であれば保有している銘柄の数量、預り年月日、当該期間の参考時価（当時の時価）、評価額（参考時価に数量を掛けたもの）、評価損益、信用取引の代用有価証券としての充当の有無等が記載される。外国証券残高明細もほぼ同様であるが、参考為替レートが記載される。信用取引等の建玉明細には、銘柄、建玉時の単価、数量、評価損益、委託手数料、日歩等、決済最終日等が記載される。当該期間になされた現物取引の売り買いと差引金額、信用取引の建て落ちと決済差金等が記載されている。顧客勘定元帳や（顧客側で作った）取引一覧表だけではわからないことが、取引残高報告書でわかることもある。

(C)　任意提出要求と証拠保全手続

　客観的資料をできるだけ収集する方法としては、提訴前の相手方証券会社に対する任意提出要求と証拠保全の手続がある。

第 4 章　事件の進め方と注意点

⒜　任意提出要求

　相手方証券会社が任意の提出をしてくれれば、証拠保全の手続をとらずとも、客観的資料を収集できるので、まずは任意提出要求をするという弁護士もいれば、任意提出要求をすると証拠改竄の可能性があることから、最初から証拠保全手続をとる弁護士もあろう。

　依頼者の意向や事案の個性もあるが、最初に任意提出要求をする弁護士のほうが多いように思える。

　任意提出要求により一定範囲の資料を入手することができる。任意提出を拒否された場合には、そのような拒否的態度は改竄のおそれをうかがわせ、保全の必要性を裏づける証拠の一つとなり得る。

⒝　証拠保全

　証拠保全とは、訴訟における証拠調べの対象となることが予定される証拠方法について、その証拠調べが不能または困難になるおそれがある場合に、証拠資料を保全するためにあらかじめ証拠調べを行う手続である（民事訴訟法第 2 編第 4 章第 7 節）。

⒞　証拠保全の機能

　証拠保全の本来的機能は証拠の保全であるが、近時は証拠開示機能を強調し、金融商品取引被害等の証拠の偏在が著しい訴訟の類型では、原告がその請求や主張を構成するために十分な事実を把握することが困難であるが、証拠保全の手段を利用することによって、提訴前に事実・証拠を把握することができ、これにより、根拠のない訴訟の提起の防止、真実発見等の目的にも資することから、特に「あらかじめ証拠調べをしておかなければその証拠を使用することが困難となる事情」（民事訴訟法234条）を厳格に解すべきではないとする見解（小島武司『民事法の基礎知識』85頁等）が有力である。

　もっとも、上記見解については、証拠保全によって相手方が被る不利益等から反対説もある（大竹たかし「提訴前の証拠保全実施上の諸問題」判タ361号74頁・76頁）。実務の運用も、「あらかじめ証拠調べをしておかなければその

41

第1部　総論

証拠を使用することが困難となる事情」の解釈について、弾力的に解する裁判官もあれば、厳格に解する裁判官もある。

しかし、金融商品取引被害にあって、証券会社が被る負担はないか、あっても小さなものであること、他方、後記のとおり、顧客側には審理にとって重要な資料が乏しいこと等を理由に、極力、裁判官の説得を試みるべきである。

(d)　証拠保全の対象

金融商品取引被害において、証拠保全の対象とされる文書の例には以下のものがある。

⑦　顧客カード等、顧客の投資意向、知識経験、資産状態に関して作成された文書

④　取引口座開設申込書　　取引口座開設申込書に、投資意向、知識経験、資産について記載させる例が多く、適合性判断における重要な資料となる場合がある。

⑰　(信用取引や店頭デリバティブに類似する複雑な仕組債等の場合)　取引開始基準に関する文書

④　適合性審査に関する文書(⑰の取引開始基準を顧客の属性に当てはめるに際して具体的に諸要素を検討するために作成された文書)

⑦　顧客と証券会社外務員等の取引に関するやりとりを記載したアプローチ履歴(接触履歴)

⑪　顧客と証券会社外務員等との間の架電の日時・架電時間等を記載した架電記録

⑪　顧客と証券会社外務員等との架電に係る録音記録

⑦　顧客に係るアテンション口座に関する文書(証券会社内部において、取引量の過大等から顧客口座を要注意口座として取り扱い、担当者限りではなく、担当者の上司、支店長、本店営業考査課、管理審査部等のチェックを受ける関係で作成された文書)

第4章　事件の進め方と注意点

㋘　注文伝票　　証券会社が顧客から注文を受けた際に、銘柄・数量・受
注時間・成行指値の区別を記載した法定帳票。過当取引事案では取引の
態様を判断する資料として用いられるのであって、無断売買の場合に限
らない。

㋙　顧客が作成ないし署名捺印した文書

㋚　外務員営業成績評価基準、外務員個人別出来高表（ノルマ等を課すも
のを含む）

㋐・㋑・㋒・㋓は、適合性原則違反の有無を判断するうえで参考資料とな
る。

中でも㋒は、各証券会社が定めた取引開始基準で、自ら定めた取引開始基
準に従って取引を行っているかどうかを判断するうえで参照すべき資料とな
る。

日本証券業協会では、信用取引がともすれば投機色の強いものになりやす
いため、信用取引利用顧客については投資経験並びに資力が十分な顧客が厳
選されるべきであり、各証券会社に対し、預り資産の規模、投資経験その他
必要と認める取引開始基準を定めることを義務付けている（協会員の投資勧
誘、顧客管理等に関する規則6条）。

また、「店頭デリバティブに類似する複雑な仕組債」について、日本証券
業協会は、平成23年2月、取引開始基準の設定を各証券会社に求めている。

これらの取引開始基準は、金融商品取引法の定める自主規制機関である日
本証券業協会が各証券会社に対して取引開始基準を定めさせることを求め、
かつ、各証券会社が検討のうえ取引を開始するにあたって最低限度の基準を
定めたものであるので、単なる内部的な自主規制にとどまらず、適合性原則
違反の有無を判断するために重要である。なお、㋒については、証券会社内
部の一般的な取引開始基準を定めたもので、具体的な証拠改竄のおそれはな
いとして、証拠保全の対象とすることに否定的な裁判官もあるが、年度ご

第1部　総　論

に改訂される可能性や現在使用しないとして廃棄される可能性があるため、証拠保全の必要性が高い点を強調すべきである。

また、㋓は、証券会社が当該事案において、当該顧客が取引開始基準等を満たすかどうかを検討する際の資料である。証券会社がどのような審査をしたかは、適合性原則が遵守されているかどうかを判断するうえで、重要な証拠となる。

㋔は、証券会社の外務員等が顧客とのやりとりを、社内業務用パソコンを用いて入力したものである。作成者が証券会社の外務員等であることから、証券会社側に有利に記載されている例が多いが、取引の経緯等が記載されており、その種の手持ち資料がないか乏しい顧客側からすれば、記憶喚起の参照資料として用いることができる。また、後に述べる録音記録の内容と照合することにより、アプローチ履歴（接触履歴）の虚偽性をあばくことができる場合もある。

㋕は、顧客と証券会社外務員等との間の架電の日時・架電時間等を記載したものである。外務員の架電の回数・時間・時間帯等を明らかにし、外務員の顧客への説明がごく短時間で十分になされていないことの証拠となる。また、証券会社が大量であることを理由に録音記録の提出を拒む場合に、重要な架電がなされた日時を特定するうえでも有用である。さらに、注文伝票の注文時間と照合すれば、架電後直ちに注文している事実や、場合によっては顧客から注文をもらう前に注文を入れていること等の証拠となる。

㋖は、文字どおり、顧客と証券会社外務員等との架電内容を記録したもの（録音媒体の如何を問わない）である。証券会社外務員がどのような言葉で勧誘し、顧客がどの程度理解し、またその注文が投資意向に沿ったものであるか等、勧誘と注文の実態を明らかにすることができる。

㋗は、証券会社内部において、どのような理由から当該顧客口座を要注意口座として取り扱うことにしたか、アテンション口座の指定により証券会社がどのように対応したか（担当者の上司・支店長・本店営業考査課・管理審査

44

第4章　事件の進め方と注意点

部等がどのようにチェックしたか）、アテンション口座の指定後の取引に改善があったか等を知ることができる。

㋗には、受注時刻の記載があり、受注時刻から、外務員の勧誘、説明、注文がいかなる状態でなされたかを知るうえで重要である。仮に顧客の勤務時間内に受注がなされたとすれば、勤務時間内の的確・冷静な判断は難しく、外務員の主導性を推認する参考資料となる。注文伝票は、法が作成保存を義務付けた法定帳票である。

㋙については、多様なものがあるが、たとえば、書面の交付や外務員からの説明等について、顧客の側は忘れてしまって、そういう書面はもらっていない、説明は一切なかった、無断売買だ等と供述することがある。事実、そういう場合もあるが、直筆の確認書等を見れば、顧客自身、記憶喚起される場合もあるし、勧誘状況を推認する資料になるので、証拠保全で確保しておきたい。

㋚は、たとえば過当取引の事案等で特に有用である。過当取引の要件の一つである「悪意性」は、顧客の利益を意図的ないし無謀に無視して取引を行ったことであり、証券会社ないし外務員が手数料稼ぎ目的で行ったことを立証することが典型的である（過当取引については第2部第2章参照）。証券会社が外務員にノルマを課していた事実や各支店が手数料獲得について競争させていた事実がある場合には、手数料稼ぎ目的の有力な証拠になるとされており、悪意性立証の証拠となる場合がある。

(e)　管轄裁判所

証拠保全の管轄裁判所は、訴え提起前は証拠方法が所在する地を管轄する地方裁判所または簡易裁判所である（民事訴訟法235条2項）。訴え提起後は、その証拠を使用すべき審級の裁判所である。

金融商品取引被害事件の場合、当該証拠が、証券会社の支店にあるのか本店にあるのか、わからないケースもある。このような場合、両方について証拠保全する場合もあるし、一方（本店または支店）のみに行う場合もある。

45

第1部　総　論

　仮に証拠保全した店舗に求めていた証拠がない場合も、その証拠を保有する本店等からファクシミリ送信やパソコンでデータ等を当該支店に送ることも可能なケースがあるので、そのような提出方法を促すことも必要である。あるいは、後日での任意提出を促すことも必要であろう。

(f) 録音記録の証拠保全

　録音記録については、その場で検索したり再生したりすることが時間的に困難であるなどの理由から、証拠保全した当日には提出できないと応答されることがある。その場合、録音記録の存在を確認したうえで、後日に任意提出するよう求めることが肝要である。そのようにして提出されることも少なくない。

(g) 証拠保全の方法・実際

　証拠保全においては、コピー業者を同行して行うことが従前の対応であった。

　近時は、デジタルカメラやUSBメモリー等で可能な場合もあるが、証拠保全の対象物の量が多い場合は、デジタルカメラでは時間を要するので、コピー業者を同行させたほうが無難である。

　場合によっては、証拠保全に行くと、すでに証券会社側で写しを準備して待っている場合もある。

(h) 参考資料としての決定例

　証拠保全で収集すべき資料については、セレクト等で、過去に証拠保全決定が認められている例があるので、申立ての際の参考資料として添付することが望ましい。

(4) 証拠保全後の対応

　証拠保全後は、保全した証拠を検討し、また相談者から証拠に関する聞き取りをして、訴訟の準備にとりかかる。

　証拠保全が終了したことで安心して、訴訟提起準備が遅れることがないよう、証拠保全後、提訴（むろん、提訴できるケースについては）までの期限

46

（たとえば1カ月以内等）を定めておいたほうがよい。

(5) 事件の進行と受任契約

　金融商品取引被害事件は、まず相談者への聞き取り、手持ち資料の検討に始まり、顧客勘定元帳の入手、証拠保全、訴訟提起と、順を追って行うことになる。

　たとえば、過当取引の事案では、顧客勘定元帳等の資料をもとに、取引一覧表（取引一覧表の作成にあたっては、エクセルで対応可能であるが、証券取引用に開発された証券天救（専用ソフト）を使うのが便利である）を作成して、その一連取引が、過度性・口座支配性・悪意性の要件を満たすか（特に過度性）の検討・判断を抜きにしては、提訴できるかどうかはわからない場合が多い。

　それゆえ、1〜2回の相談で訴訟までの受任を決めるのではなく、取引分析ないし証拠保全後の検討の結果をみないと提訴できるかどうかわからない場合があることを説明し、調査段階、証拠保全段階、本案段階と、段階ごとに委任契約を結ぶ場合も少なくない。

(6) 取引終了の是非

　受任した場合に、それまで続いていた取引を終了させるべきかどうかについては悩ましい問題がある。

　今後、訴訟に入り、証券会社と敵対関係になるのだから、新しい取引は当然すべきでないが、従前から保有していた銘柄を直ちに売却してすべての取引を終了させるべきかどうかについては、場合を分ける必要がある。

　証券会社からは、金融商品を保有したままではいまだ損害は確定していない、損益が改善しなければ損害賠償を請求し損益が改善すれば取下げをするなど「いいとこ取り」を狙っている、等と批判されることもある。

　しかし、デリバティブや仕組債等では、その後の為替変動等で取引状況が改善し、損失から利益に転じる場合もあるので、中途解約すべきかどうかは難しい判断を伴う。保有したまま訴訟等を行っているケースが多いようである。

第1部 総 論

また、株式取引・信用取引についても、新たな取引はすべきではないが、保有したままであっても口頭弁論終結時点の評価額に基づいて損害が計算されるので、必ずしも売却処分しなければならないものではない。

ただ、いずれにせよ、十分な説明のうえ、依頼者本人の意思に基づいて行うよう助言すべきである。

(7) 訴訟以外の解決方法

(A) 示談交渉

平成19年9月施行の金融商品取引法と内閣府令によって、弁護士による和解は1000万円までは「事故起因確認」を受ける必要がなくなった（金商法39条、業府令119条）。

ただ、現実には、示談交渉のみで解決された例は比較的少ないのではないかと推測される。

(B) 民事調停

概略的な事実認定や違法性判断に争いがないか比較的少ないものの、過失相殺、損害算定に争いが残っている場合に利用価値がある。

事実認定や違法性判断について、両当事者間に争いがある場合には、民事調停での解決は難しい。

(C) 証券・金融商品あっせん相談センターの和解あっせん

証券・金融商品あっせん相談センター（FINMAC）の和解あっせんでは、全国9地区にあっせん委員をおき、話合いで和解解決を図る。

近時は、デリバティブ取引のケースにおいて、証券会社や銀行との訴訟を回避したい被害者の意向に基づいて、比較的多く利用された（平成24年度で165件）。あっせん委員には中立的な立場にある弁護士が就任しており、それなりの成果をあげている。しかし、提示される額は、必ずしも顧客側が満足できない低額のケースも少なくない。

(D) 弁護士会のあっせん・仲裁

弁護士会の和解あっせんや仲裁もある。あっせん委員・仲裁委員に人を得

れば、よい解決もあり得る。

　よって、金融商品取引被害の救済は、やはり訴訟によるのが、王道であろう。

　従前から、訴訟において勝訴判決を得ることで、金融商品取引被害を受けた個別の被害者を救済するとともに、それらの判例が積み重なることにより、判例法理が形成され、立法（金融商品取引法、金融商品販売法）化され、金融商品取引被害の救済のレベルを引き上げてきた。

(8)　提訴後の主張立証活動

(A)　求釈明

　顧客勘定元帳等の資料に基づいて顧客側（原告側）で取引一覧表を作成することになるが、顧客勘定元帳は各証券会社によって異なる部分もあるし、決して読みやすいものではない。そこで、顧客勘定元帳の読み方等がわからなければ、証券会社に釈明させる必要がある。

　また、取引一覧表は、顧客側（原告側）で作成するとしても、証券会社側（被告側）にも作成を求めて、両方を照合し、客観的な数値部分などが合わない場合は、どこが異なるのか、なぜ異なるのか等を明らかにすることが必要である。そのことによって客観的な取引関係は可能な限り争いのない事実とすることが望ましい。

　信用取引の場合は、その建て落ちや手数料等のコスト明細が信用取引勘定元帳に記載されている。しかし、現物取引の場合は、同じ銘柄の売買が複数回ある場合に、いつ購入した銘柄をいつ売却したかという対応関係が必ずしも判然としないこともあるし、手数料等のコスト明細の記載がない例が大半である。それらの不明点を求釈明により証券会社に明らかにさせることも必要になる。

　証券会社に釈明させると、たとえば手数料等が顧客側で算出した数値よりも大きい場合もあるので、たとえば過当取引の場合等では手数料等について

第1部　総　論

求釈明しておくことが必要である。

(B)　文書の任意提出要求

証拠保全をしていない場合、証拠保全をしたが奏功しなかった場合（たとえば支店に証拠保全したが、保全を求めた証拠は本店にあった場合等）、あるいは当初は必須とは思っていなかったが訴訟の進行の中で必要と思料されるに至った場合等において、訴訟進行に必要な証拠は、証券会社に対し、任意での文書提出要求をして提出を求める。

証券会社が素直に応じる場合もあれば、そうでない場合もあるので、いつでも文書提出命令に切り替えられるよう、文書提出命令申立ての要件（文書の表示・趣旨、所持者、証明すべき事実、文書提出義務の原因）を任意提出要求文書に書き込んでいれば効率的である。証券会社側にも、任意提出しない場合は文書提出命令申立てをする考えであることがわかるので、任意の提出を促す働きをする場合もある。

(C)　文書提出命令申立て

(a)　文書提出命令申立ての必要性

証券会社が証拠の任意提出に応じない場合は、文書提出命令申立てを行う。かつては、文書提出命令の判断に時間がかかり、即時抗告があればさらに時間がかかり、半年や1年といった長期にわたって訴訟が止まってしまうことがあったが、（求める文書によっては多少の差異はあるだろうが）近時の文書提出命令の判断に要する期間は、従前に比してかなり短縮化されているし、即時抗告審の判断が比較的スピーディであることが多い。訴訟の立証上、必要であると考えられる文書については、文書提出命令申立てを躊躇することはない。

(b)　文書提出命令の対象例

文書提出命令の対象物は、顧客と証券会社との取引の過程で作成されたものがほとんどであり、民事訴訟法220条2号の引渡・閲覧文書、3号の法律関係文書等に該当することが多く、4号ハの「技術又は職業上の秘密に関す

る事項」に該当する例も考えにくい。

(c) 録音記録

顧客と外務員の会話を録音した記録は、取引が長期にわたる場合には、かなり膨大なものになる。

証券会社側からは、時期の特定を図るように求められる場合も少なくない。

要証事実との関係で、たとえば、取引のあった日等と時期を特定する場合もあるが、いつ、どのような内容の話がされているかは不明なので、必ず特定しなければならないものではないと考えられる（架電記録等が参照資料となることはすでに述べた）。

録音記録には、顧客側に有利な供述もあれば、そうでない場合もある。

証券会社・外務員側は、自己に有利な証言・供述を残すために会話を録音するのだから、顧客からそのような会話を引き出そうとして録音をしているケースも少ないので、顧客側に不利な供述ととられる場合もある。しかし、概していえば（録音記録全体を聞けば）、表面的な言葉尻をとらえられているだけで、外務員の主導と顧客の無理解等を示すケースが多いように思われる。

録音記録については、アプローチ履歴等との照合も重要である。アプローチ履歴は、証券会社外務員が作成するので、おおむね証券会社に有利な記載（たとえば、顧客が相場状況を十分に理解し、自分の意向で、望んでその金融商品を購入したかのような記載）がなされているが、録音記録と照合すれば、アプローチ履歴の記載が外務員の作り話であると直ちに判明することもある。

また、当時の取引状況と照合すると、顧客が当時の取引状況を理解していないことが浮き彫りになることもある。

いずれにせよ、録音記録は、外務員と顧客の勧誘のあり方を示す重要な証拠であるので、任意提出を求め、それに応じない場合は文書提出命令の申立てをすべきである。

第1部　総　論

(9) 原告本人尋問、外務員尋問

(A) はじめに

尋問については、弁護士によって個性があるし、事案も多種多様なので、こうすべきであるという決定的な方法があるわけではない。

以下に述べるのは、一般論にとどまる。

(B) 原告本人尋問

原告本人尋問にあたっては、客観的資料等と照合して、できるだけ当時の記憶を喚起してもらうことが必要である。

そのためには、まず弁護士が、原告提出の証拠、被告提出の証拠、被告会社外務員の陳述書、被告準備書面をよく精査することが必要である。

被告主張や外務員陳述書において、原告に不利な事実が記載されている場合、あるいは不利な証拠がある場合には、疑問点を原告本人に確認しておく。

ただ、証券取引においては、一般投資家と外務員との知識の格差の存在や外務員への信頼等から、一般投資家はよくわからないままに、外務員の言う通りの取引をさせられていることが多い。そのため、尋問前に当時の事実を聞いても、よく覚えていない（思い出せない）ケースも多い。そのような場合には、ありのままの姿を裁判官にみてもらい、そういった原告本人の供述態度から、理解できないまま取引をさせられた実情を判断してもらうことになろう。

しかし、投資家によっては、その時の事情をよく覚えている場合も稀にある。被告主張にも外務員陳述書にも出てこないことを覚えている方もいる。そのような方については、詳しく思い出してもらうことに尽きる。そういった方の供述は、リアリティにあふれ、おのずと説得力をもっているので、外務員としても認めざるを得ない場合もあろうし、逆に外務員が肝腎なところを誤魔化そうとすれば、そういった外務員の証言をさらなる弾劾の材料として使える場合もあろう。そうした場合、原告本人と外務員の証言とを対比すれば、何が真実であったかがはっきりする。

52

第4章　事件の進め方と注意点

　原告本人尋問に対する反対尋問、補充尋問についても同様で、反対尋問、補充尋問において、スマートに、的確に答えられないとしても、その、ありのままの姿をみてもらうことが重要である。

　「原告本人尋問は検証である」と言う弁護士もあるが、まさに、そのとおりであり、原告のありのままの姿を見てもらうことが肝要である。

(C)　外務員尋問

　外務員尋問についても、定まった方法があるわけではない。一般事件で言われるところとそう大きくは異ならないであろう。

　外務員は、顧客側弁護士とは敵対する関係であり、そして、金融商品についてはその勧誘を職業とした専門家である。そして、おそらくは、顧客側弁護士がするであろう質問を想定した訓練を受けて法廷に臨んでいるものと考えられる。身構えて尋問に臨んでくる、そういう相手に、相手方にポイントをとられず、どうすればこちらのポイントが得られる尋問ができるかということは、難しい問題である。

　まず第1に、原告本人尋問の箇所でも述べたが、外務員尋問の尋問事項書を作成する前に、全記録を精読しておく必要がある。特に被告主張と外務員の陳述書が重要であり、被告主張と陳述書に食い違いがないか、証拠と証拠に食い違いがないか等を精査しておく必要がある。

　また、外務員尋問をするうえで、前提となる金融商品に関する知識は専門書等で確認しておく。ここで間違ったことを言えば、相手に軽くみられ、終始、後手に回ることになりかねない。

　株価や為替の動きが、尋問の前提となる場合もあるので、それらの動き等を頭に入れておくと同時に、必要に応じて株価・為替推移グラフ（チャート）を証拠化しておくことも重要である。

　第2に、この尋問の獲得目標は何かをはっきりさせておく。尋問全体における獲得目標と、個々の尋問についての獲得目標をはっきりさせる。

　第3に、どの程度のポイントを獲得できるかも、一応想定しておく。これ

53

第1部 総　論

くらいであればよいだろうという頃合いも決めておく。もう1ポイントと、欲張って、突っ込んで、逆に、相手にポイントをとられることがないよう、聞く限度を決めておく。

第4に、「開かれた尋問」はしない。外務員に開かれた尋問をすれば、いいように喋られ、時間を浪費するだけでなく、尋問が相手方のペースで進んでいくことになる。

第5に、第4とも関係するが、外堀を固めてから、あるいは周辺事情を聞いてから、徐々に本当に聞きたいことに入っていく。外務員が言い逃れする余地をできるだけ少なくしておくことが重要で、客観的事実の証拠化は、その意味でも重要である。

最後に、外務員尋問は必ずしも思うようにいくとは限らない。しかし、ポイントは一つとは限らないのだから、たくみに反論されても、動じない心構えも大切であるように思う。

(内橋　一郎)

2　デリバティブ取引の相談を受けたとき

(1)　はじめに

基本的には、本章1記載の金融商品取引事件一般における事件処理の進め方に準ずる。ただしデリバティブ取引については特有の問題がある。デリバティブ取引にもさまざまな種類があり、一律に論ずることはできないので、これまで多くの被害をもたらし、訴訟等の紛争になることの多かった、銀行と中小企業の為替デリバティブ取引を念頭において論ずるが、以下に述べたことの多くはその他のデリバティブ取引においても共通するものである。

(2)　相　談

(A)　初回相談まで

デリバティブ取引で思わぬ損害を被っている中小企業からの相談では、相談者は一般の金融商品取引事件以上に急を要すると訴える場合が多い。実際

第 4 章　事件の進め方と注意点

にも、たとえば一定期間ごとに満期がやってきて、決済しなければならない（たとえば毎月米ドルを買わなければならないなど）。ドルが急落した場合などは、毎月多額の損害が発生するので、依頼者がすぐに手を打ってほしいと焦るのも無理はない。

　それゆえ、相談に対応する弁護士としては、初回相談を概括的な話に終わらせるのではなく、具体的な対応（後述）を検討することができるように、必要事項を十分に聞き取る必要がある。

　そのためには、まず必要書類を持参してもらうよう依頼することである。必要書類は、①銀行または証券会社から交付された提案書および説明資料、②契約書、③取引後に交付された時価報告書、④担保差入れしている事案では、差入担保の明細書および評価書、⑤追加担保請求書（もしもあるなら）は必須である。できれば、⑥相手方とのこれまでの取引、および、他の銀行または証券会社において、過去に行ったデリバティブ取引（種類が異なるものも含む。たとえば今回の相談が通貨オプション取引に関するものであったとすると、過去に金利スワップ取引を行ったことがあるなら、それも含む）の提案書・契約書、証券取引を行っている場合は顧客勘定元帳も持参してもらうほうがよい。さらには、⑦今回問題になっている取引後の取引についても同様に資料を持参してもらうほうがよい。また、ヘッジ目的でデリバティブ取引を行った場合（本当はヘッジニーズはないのに、銀行等がヘッジニーズありと申し向けて取引させた場合も含む。以下同じ）は、見合い取引の有無・種類・規模を把握するために決算書および会計帳簿の一部（総勘定元帳など）が必要になる。これらを持参して、依頼者（会社）の担当者と代表者に事務所に来てもらい、打ち合わせをするのが出発点である。

　初回相談は十分な時間をとり、おおよその方針や検討すべき事項を明確にすることができるようにすべきである。

　このように、できるだけ初回相談時に事件処理方針を立てることが望ましいので、早期に商品分析や事案のポイント把握を行う必要がある。したがっ

55

第1部　総　論

て、担当する弁護士は、あらかじめデリバティブについての基本的知識を身に付けておくほうがよい。本項末尾に掲げる文献・資料はごく一例ではあるが、いずれもすぐれたものであり、まだ読んだことのない弁護士は、デリバティブ事案の相談を受ける場合にはこれらを事前に読んでおくべきである。デリバティブ取引は、文科系の法律家にとっては難解であるが、これらの参考文献や資料を根気よく読んで事件に取り組むことによって、理解が深まり、被害救済を実現することができるようになるはずである。

　なお、中小企業のデリバティブ取引に関する相談対応には、企業会計や決算書についての最低限の知識は必要である。勉強したことのない弁護士は、相談日までに知識を身に付けておくべきである。

(B)　初回相談

　初回相談において、まず業態および商流、借入れなどの取引内容、過去の取引経験（他社取引および今回の相手方との間の過去の取引の両方）、今回問題になる取引の内容を把握する。

　次に、現状どのようになっているかを聴取する。すでに解約済みなのか、取引継続中なのか。継続中の場合は、決済日が年何回あって、次はいつくるのか。どの程度の規模の取引であり、現状では、各決済日にどの程度の損失が発生するのか。問題となる取引以外の経営状況はどうか（デリバティブ取引をさせられた事業者は多くの場合銀行から信用力があると評価されている（証券会社の場合はこれと異なり物的担保をとるが、中には信用供与する証券会社もある）が、万一資金繰りが続かないような場合は、これを考慮して方針を決定すべきことになる）。

　最後に、どのような経緯で勧誘され、どのように理解して契約するに至ったのか、契約後どのような事態が生じて相談に来ることになったのかを聴取する。

　また、会社の決裁権限が誰にあり、決裁権者が了解したうえで契約に至ったのか否か、社内の決裁手続がどのように定められているか、オプション取

56

引であれば権利行使手続がどのように定められているか、デリバティブ取引の各決済日の決済がどの口座で、どのように行われているのか（円を支払って外貨を受け入れているのか、差額を授受しているのか、外貨受け入れの場合は外貨を円転しているか否かなど）についても聴取しておく必要がある。

(C) 商品分析

相談を行う際、担当する弁護士が当該金融商品の商品特性を正確に把握する必要がある。商品分析といっても、筆者を含めてほとんどの弁護士はブラックショールズ式やモンテカルロシミュレーションによってオプション価格を計算することはできない。そこでまずは満期の損益図を書く（これは丁寧に提案書を読めばできるはずである。第2部第7章グラフ①参照）。次に、ヘッジ取引の場合はヘッジ対象取引の損益図を書く。そして両者を合算してヘッジ後の損益状況をグラフ化する。さらに、オプション価格形成の考え方（後記(7)(C)(c)参照）を身に付けておおよその時価の曲線を書く（厳密な数値計算はできないので概括的なイメージ図でよい。第2部第7章グラフ②参照）。複数のオプションを組み合わせた複雑なデリバティブ取引の場合は、一つひとつに分解して考える必要がある場合もある。

なお、以下ではオプションを前提に論ずるが、「為替予約」「クーポン・スワップ」などと名称が異なっても検討する事項は大きく異ならない。デリバティブ取引は、他のデリバティブ取引や、現物取引と借入れの組合せによって複製可能であるから、違法判断の前提となる商品分析において名称は重要ではなく、各商品のリスク特性に着目すべきだからである。

(D) 商流および財務分析

ヘッジ目的でデリバティブ取引を行った事案の場合は、依頼者（会社）が、どのような商品・役務を、どの通貨で、どのような取引をしているのか、通貨交換レートの変化が依頼者（会社）の財務内容に影響を及ぼすか（取引先に転嫁できるかを含む）、どのくらいの量の取引をしているか、取引の種類や内容や量は安定しているかを把握する必要がある。真実ヘッジ目的はなくて

第1部　総　論

も、銀行がヘッジ目的だと主張するため、その妥当性を検証する必要がある
場合も同様である。

そのうえで、ヘッジニーズの有無、為替レートの変動と依頼者（会社）の
損益との関連性（その際、為替レート以外の要因による依頼者（会社）の損益へ
の影響度の排除が必要である）、ヘッジ対象取引とヘッジ商品との整合性、ヘ
ッジ比率、他の金融機関におけるヘッジ取引の量を考慮した場合にオーバー
ヘッジになっているか、を検討することになる。

なお、ヘッジ目的でない場合は、個人投資家の金融商品取引事案と同様に、
投資家のリスク許容度を測る観点からの財務分析が重要である。

(E)　違法性の検討等

これらを踏まえて、業者の行為に違法性が認められるか、どのような法律
構成が可能かを検討する。不法行為（適合性原則違反、説明義務違反、助言義
務違反など）を理由とする損害賠償請求が多いが、デリバティブ取引におい
ては基本契約が存在するので、債務不履行に基づく損害賠償請求をする場合
もある。いずれにしても、銀行等の注意義務の根拠と内容が重要である。

なお、デリバティブ取引継続中の場合は、すでに支払った額を損害として
損害賠償請求をするだけではなく、将来の支払いを防ぐために、公序良俗違
反、錯誤などによる無効等を主張する場合がある。

(3)　証拠保全をするか否か

証拠保全をするか否かは、証拠保全のメリットとデメリットを比較して決
することになるが、デリバティブ取引の場合は一定の期間ごとに決済期がや
ってきて、そのつど損害額が増大する状況にあるのが通例である。

また、デリバティブ取引の決済を止める場合（後記(5)参照）は早期にあっ
せん申立てや訴訟提起をすることが前提となっているから証拠保全を行う暇
はない。したがって、証拠保全は行わないことが多い。

(4)　損害額の計算

オプション行使による決済を差額決済する場合は過去に支払った金額を合

第4章　事件の進め方と注意点

計し、受取額を差し引けば足りるが、差額決済型ではなく、外貨を購入する取引類型の場合は支払額を合計しても損害額にはならない。たとえば、第2部第7章のような米ドルプットオプション売りと米ドルコールオプション買いを組み合わせたデリバティブの場合、顧客は決済によって米ドルを受領しているから、米ドルの本来の価格を控除しなければならない。控除すべき米ドルの価格は現時点（請求時点）のレートで計算する方法と決済時のレートで計算する方法とがあり、どちらをとるべきかは事案によるが、決済時のレートで計算することが多いと思われる。

　為替レートには、TTM、TTS、TTB などの種類があるが、どれを用いるかは事案ごとに検討すべきである。本来必要のない通貨プットオプション売りをさせられた事案であれば外貨買いの必要はなかったのであるから取得した外貨は無用のものであったといえる。したがって控除すべき金額は顧客が保有している価値（売却したら得られた価値）であり TTB とすることになろう（なお、TTM（Telegraphic Transfer Mid Rate）は、スポットレートから2日分の金利差を考慮して計算した本日決済を前提とするレートであり、仲値とも呼ばれる。TTB（Telegraphic Transfer Buying Rate）は、銀行が買う場合に TTM より手数料分安く買うレートであり、TTS（Telegraphic Transfer Selling Rate）は、銀行が売る場合に TTM より手数料分高く売るレートである。いずれも個人や中小企業に適用される外国為替レートであるとされている）。

(5)　継続中の取引をどうするか

　銀行とデリバティブ取引を行っている場合、一定期間（たとえば3カ月に一度、あるいは毎月など）ごとに決済期限が到来する。相談に来る方は決済期限に損失が発生する（たとえば不利なレートで米ドルを買わされる）ので、決済を止めたい。しかし、決済を止めると債務不履行となり、デリバティブ取引について強制解約され、多額の解約清算金を支払わなければならないことになる。デリバティブを解約すると、解約時点の時価を基準とする再構築コストを支払わなければならず、これが巨額に上ることがある。のみならず、

59

第1部　総　論

債務不履行が発生すると、金銭消費貸借契約に基づく借入債務についても（返済を怠ったわけではないのに）期限の利益を喪失させられるおそれがある。そうなると本社に設定された根抵当権を実行されるなどの事態まで発生しかねない。

　そこで銀行に対し、全国銀行協会のあっせん申立てをするか、または調停や裁判をすることを申し入れ、それら手続により決着がつくまで、決済期が到来しても銀行はオプションを行使しない、あるいは、権利行使が問題とならないデリバティブ（スワップや自動行使条項のついたオプションなど）であれば銀行は顧客に決済金を請求せず、期限の利益を喪失させないという取扱いをするよう交渉し、承諾をとったうえで決済を止めることが多く行われている。

　上記のような承諾を得られない場合は、オプションの権利行使禁止の仮処分や債権取立禁止の仮処分、さらには証券会社に担保差入している場合は担保権実行禁止の仮処分などを申し立てて、裁判所の決定を得る方法も考えられる。各決済日の支払いは可能であるが、一度に多額の支払いをすることができる状態ではない場合などにおいては、仮処分を行わず、決済を続けながら訴訟等を行う場合もある。

　なお、解約清算金を支払う余力がある場合は、相場に翻弄されるのを避けるために解約するという方法もあるが、相場はどう動くか予測不可能なものであるから、解約するかどうかを弁護士が安易に指示するべきではなく、依頼者の自主的判断に委ねるべきである。ただし、弁護士としては、依頼者がおかれた状況やとり得る手段について十分に説明すべきであることは言うまでもない。

⑹　訴訟か ADR か

　ADR のメリットは、早期解決を図ることができる（原則として3回以内に終了する）、あっせん委員にデリバティブの知識がある、ヘッジニーズに関する書類であればあっせん委員から銀行に提出を要請してくれる、というこ

第4章 事件の進め方と注意点

とである。デメリットは、ヘッジニーズを超えている点以外の問題（説明不十分であるなど）はADRでは客観的に検証しようがないため考慮されにくい、解決の水準が高くない（解約清算金の一部を銀行が負担するというものが多かった）ことである。

訴訟のメリットは、個々の事案ごとに時間と手間をかけて主張立証することができる、説明内容の不十分さや勧誘の不適切などさまざまな論点を問題にしうる、支払済みの金員の返還を実現することも可能である、ということである。デメリットは、裁判官によって知識・理解にばらつきがある、審理に時間がかかる、弁護士と依頼者の打ち合わせの回数・時間が相当必要となる、勧誘に至る事実関係の詳細を再現する必要があるので契約本数が多い場合や代表者に記憶がない場合は立証に難があることである。手続が公開されることも訴訟の特徴である。これらの特徴を踏まえていずれの手続をとるかを決することになる。

(7) 主張立証

(A) ヘッジニーズ

財務分析は当方が情報を有している事柄であるから、十分な根拠資料に基づいて詳細に主張立証しなければならない（具体的手法については第2部第7章参照）。これによってヘッジニーズがないことやオーバーヘッジになっていることなどを立証したうえで、相手方銀行に対して、ヘッジニーズをどのような根拠で把握したのか、どのような商流のどのような取引についてヘッジニーズありと判断したのか、たとえば間接貿易の場合は相場変動が仕入れ価格等に影響を与えることおよびその程度について何に基づいて把握したのか、ヘッジ比率をどのように把握したのか、他行で行っている同種取引を考慮したか、などについて釈明を求める。同時に、業務日誌や適合性審査書類などの提出を求める（なお、「間接貿易」とは、「生産・製造業者が貿易専業者（たとえば、貿易商社）を介して商品の輸出入を行うこと」（椿弘次『入門・貿易実務〔第3版〕』26頁）であり、通常の輸出入の当事者間に貿易商社を介在させて

61

第1部 総 論

買い手のデフォルトから売り手が自衛するためや、貿易手続を商社に代行させる
ためなどに用いられている。ところが銀行等は間接貿易を拡大解釈して、輸入材
を輸入した国内業者から円建て取引で購入する商流についても間接貿易であると
称して為替リスクヘッジニーズありと主張する。しかし、そのような考え方は、
事柄を抽象的にのみ論じて誤導しようとする論法である場合が多い。筆者の経験
では、国内業者がある商材を輸入し、当該業者から円建てで仕入れている企業の
仕入れ値の推移を長期間（たとえば過去5年間）追跡し、同期間の為替レートの
推移と比較してみると、ほとんど為替レートの変動の影響を受けていないことが
明らかになったことがある。輸入材であっても、需要と供給や、金利や景気、代
替品との競争等によって為替レートとは別の要因で価格が決定されていることが
多いのである。したがって、銀行等が「間接貿易」であると主張した場合は、為
替変動の影響度合いを分析して主張立証することが有効である）。

　裁判所も、投資家側がヘッジニーズがないことあるいは過小であることを
立証すれば、銀行等に対してヘッジニーズをどのような根拠に基づいて、ど
う把握したのかについての主張立証を求めるようになる。

　銀行から詳細な主張が出れば、そこに集中してヘッジニーズがないこと等
を反論し、銀行が根拠とする資料が客観的事実に合致しないことを明らかに
する。

　そもそも裁判実務においてはヘッジニーズの捉え方に誤解がみられるので
注意が必要である。ある指標が変動することによって収益が左右されるとい
うだけで、それを固定化するニーズがあると即断する者がみられるが、妥当
でない。仮にある指標の変動によって収益が左右される企業があったとして
も、だからといってヘッジニーズがあるとは限らない。たとえば、同じよう
に借入れが変動金利であり金利変動によって支払金利額が左右される事業体
であっても、学校法人は景気によって収益が左右されにくいため金利固定化
のニーズはあるが、大手鉄鋼メーカーなら景気によって収益が変動するので
変動金利のままのほうがリスクは少なく金利固定化ニーズはない（三井住友

第4章　事件の進め方と注意点

銀行の行員によるある大学における講義資料によると、むしろ固定金利を変動化するニーズがあるという）。不動産業や建築関連業やパチンコ店を経営する企業などについても金利固定化ニーズを簡単に認定すべきではなかろう。

リチャード・A・ブリーリーほか『コーポレートファイナンス(下)〔第8版〕』240頁以下では、油田開発会社の例をとって、石油価格をヘッジすることによって既存油田からの収入を固定すべきではない（石油価格が上がった時に投資機会は拡大し、石油価格が下落したときには縮小するから、石油価格が上がった時に手元現金を減少させ、下がった時に増加させても意味がない）という。

ジョン・ハル『フィナンシャルエンジニアリング〔第5版〕』119頁や、同『フィナンシャルリスクマネジメント』29頁では次のようにいう。すなわち、「企業がヘッジすることが常に正しいとは限らない。ある産業ではヘッジすることが常態ではないとすると、1社だけが他社と違うことをするのは危険であるおそれがある。産業内の競争圧力は大きいから産業全体の供給する製品やサービスの価格は原材料コスト、金利、為替レートなどを反映して変動する」とし、金装飾メーカーの例を出して、ほとんどの企業が金価格変動に対してヘッジしなかったのに1社だけがヘッジした場合、金価格が上昇するとヘッジした企業は利益が増加するからヘッジが成功したといえるが、「金価格が下落すると経済圧力によってそれに応じた装飾品の卸売価格が下がる」ためにヘッジしない企業の利益は変わらないが、ヘッジした企業の利益幅は小さくなり、場合によってはマイナスになるかもしれないことを指摘している。

このように、ヘッジニーズの有無・程度を認定する場合には、事業体の財務体質から業界内他企業の動向までをよく分析することが不可欠であり、金利や為替によって収入や支出が変動するからといって、それだけでヘッジニーズありと認定するのは短絡的である。

63

第1部　総　論

(B)　取引条件の不合理性

　銀行等が組成する通貨デリバティブは、同一期間のフラット為替よりも不利な条件（レシオ、ギャップ、ノックアウト条件など）がついていることが多い（フラット為替とは、将来の為替エクスポージャーが継続的に発生すると見込まれる場合、継続して発生する為替に対するヘッジ手段として、一個一個為替予約する方法（つまり予約レートは毎回（たとえば1年ごとに）約定時に決める）ではなく、一定期間（たとえば5年間）の予約を単一レートでひとまとめにして締結する方法のことである。なお、エクスポージャーとはリスクにさらされている部分のことである）。以下では、第7章の事例で問題となったオプション取引を念頭において論ずる。

　不利な条件が付加された場合は、決済条件は有利になるのが当然である（通貨オプション取引なら行使価格がより円高になる）。ところが実際には、フラット為替よりも不利な行使価格となっている取引がある。これらは、顧客がデリバティブ価格計算の能力を欠くことにつけこんで銀行等が暴利を得ようとするものである。顧客にとっては、不当にリスクを負わされていることを意味する。したがって、同一期間のフラット為替の決済レートを求釈明したり、専門業者に依頼して、フラット為替およびそれにレシオ、ギャップ、ノックアウト条件を付加した取引の決済レートがいくらになるかを鑑定してもらい、訴訟等で問題となっている取引条件と比較することが有効である。筆者の経験では、銀行が同一期間のフラット為替を回答せず、はるかに短期間のフラット為替を回答してきた例があった。これは、同一期間のフラット為替を回答すると、上記の不当性が明らかになることを銀行が恐れたものであると思われる。

(C)　商品特性のポイント

(a)　ヘッジに適しているか

　取引がヘッジ目的の場合、ヘッジニーズがない場合やヘッジニーズを超えてヘッジしている（オーバーヘッジ）場合は、ヘッジの必要性を超えたデリ

64

バティブ取引をすることの負担・危険を主張することになる。

　それにとどまらず、ヘッジニーズがあるがヘッジに適さない商品特性を有する場合もある。たとえば、ユーロで輸入している事業者に豪ドルの為替デリバティブを契約させた場合は、取り扱う通貨が異なるためにヘッジ効果が乏しい。短期プライムレートベースで借入れしている事業者に、LIBOR ベース金利受取りの金利固定化スワップを契約させた場合は、支払変動金利と受取変動金利に差があるためにヘッジ効果が不完全である。銀行などは、個々のヘッジ対象取引が過小である場合に、複数のヘッジ対象取引をまとめた「マクロヘッジ」を行ったと主張することがあるが（その逆に、個々のヘッジ対象取引ごとにヘッジ取引を行うことを「紐付きヘッジ」という）、マクロヘッジの場合は上記のようなヘッジ効果が不完全な取引を含む場合が多くなる（なお、LIBOR とは London Interbank Offered Rate のことであり、ロンドン市場における銀行間貸出金利の平均値である。信用力のある銀行間の短期資金取引に適用される金利であるからリスクプレミアムがわずかであり、短期金利の指標となるほか、リスクフリーレートとして用いられることもある。東京市場における同種の金利を TIBOR（Tokyo Interbank Offered Rate）という）。

　さらには、米ドル高の場合に備えたヘッジが必要な輸入業者に対して、わずかに米ドル高となっただけでノックアウトする通貨オプションを勧誘した場合は、ヘッジ効果の検証に慎重な検討が必要になる。

　とりわけ長期にわたってヘッジを組むことは、それほど長期にわたってヘッジニーズが継続するのか、将来何が起こるか誰にもわからない世の中で5年とか10年といった先まで採算レートが固定できると考えられるのか、大いに疑問がある。長期のヘッジ取引はかえってリスクを高めるという専門家の指摘もある。

(b)　オプション性

　実際の相談事例では、オプション以外の「スワップ」や「為替予約」という名称がつけられた取引も多い。しかし、前記(2)(C)のとおり、リスク特性の

第1部　総　論

分析においては、業者が付与する名称よりも、取引の損益図および時価の変動特性が重要である。とりわけオプション性に着目することが商品分析のうえで重要である。

(c)　時価の変動

時価は、将来のキャッシュフローを発生確率で加重平均して現在価値に割引計算したものである。時価は将来得られるキャッシュフローの期待値である。そして、時価変動要因と時価変動特性を把握することがリスクを把握することに他ならない。とりわけ投資目的のデリバティブ取引においては、時価は極めて重要である（ヘッジ目的のデリバティブ取引であっても時価によるリスク管理が重要であることを否定するものではない）。

担保徴求されているデリバティブ取引の場合は、時価が一定水準よりも下がれば追加担保の請求を受け、これを支払えない場合は解約清算金を支払わなければならないこと、追加担保と解約清算金はいずれも時価を基準として算定されることから、時価変動を把握しておく必要性が一層高い。実際の取引事例では、決済レート（たとえば1米ドル＝80円とする）よりも直物為替レート（約定から2営業日以内に受渡（決済）される外国為替取引のレートのことである。スポットレートともいう。これに対応する用語が為替先渡レート（フォワードレート）である。為替先渡レートは将来時点において外国為替取引をする場合の価格を現時点で決定する場合のレートである（後記(7)(C)(e)参照）。ただしスポットレートという用語を用いる場合は、為替と金利は意味が異なることに注意しなければならない。為替の場合のスポットレートは上記のとおり現時点で取引した場合のレート（決済は2営業日以内）であるが、金利の場合のスポットレートは、期中に利払いのないゼロクーポン債の金利のことである。これに対応する用語はスワップレートであり、こちらは期中にも利払いのある利付債の金利のことである）が外貨高（たとえば1米ドル＝90円）であって、それが満期におけるレートであれば決済により利益が生ずる状態であるのにもかかわらず、時価が大きくマイナスとなっているために巨額の追加担保の請求を受け、これ

第４章　事件の進め方と注意点

を支払うことができないために解約せざるを得なくなった事案も多い。直物
為替レートが決済レートより円安水準であっても時価が大きくマイナスとな
るのは、オプション価格の本源的価値は行使日のフォワードレート（現時点
で行使すると考えて計算する場合は現時点の直物為替レート）と行使価格の差に
よって決まること、オプション価格の時間価値はフォワードレートを中心に
分布する為替の変動確率を考慮して決まるところ、ノックアウト条件により
一定以上円安になるとペイオフ（決済日の受け払いのことである。各決済日の
損益と言ってもよいが、約定時に授受されるオプション料は考慮しない）が消滅
することや円高になると３倍レバレッジのかかったマイナスのペイオフが発
生することからこれらを加重平均して合計するとマイナスになってしまうた
めである。決済レートよりも円安水準でも時価がマイナスとなって巨額の追
加担保を請求される事態を想定していないことは投資家が取引のリスクを把
握していなかったこと、時価の重要性を認識していなかったことを示す典型
例である。

　また、直物為替相場は円高になっていなくてもボラティリティが高まった
ために時価が下落して追加担保請求を受けるおそれがある。ボラティリティ
が高まると、コールは為替相場の円安化期待が高まり価格が上昇するものの
ノックアウト条件の影響を受けるため上昇の程度は小さく、プットは３倍規
模であるためにボラティリティ上昇時には大きく上昇する。そのためプット
売りについてはコールの上昇分以上に価格が下落するからである。

　さらに、直物為替相場が円高になっていなくても、金利差が拡大したため
に時価が下落して追加担保請求を受けるおそれがある。金利差が拡大した場
合は為替先渡レート（フォワードレート）が外貨安円高化し、そのためコー
ルの価値が下がりプットの価値が上がる。プットは３倍規模であるためプッ
トの価値上昇が大きく、したがってプット売りの時価は下落するからである。
どのような場合にどの程度の追加担保請求を受けるかを把握しないままデリ
バティブ取引を行った場合に、顧客の自己責任を問うことはできない。

67

第1部 総 論

　追加担保請求を受けない場合（銀行とのデリバティブ取引の多くの場合）で
あっても、ヘッジニーズが減少した場合や、想定外の損失が出るようになっ
た場合など、中途解約する必要が生じることは珍しくない。その際、中途解
約するには解約清算金の支払いが必要となる。解約清算金はデリバティブ取
引の時価を基準とする再構築コスト（これに解約手数料が加算される）で構成
されるから、顧客の想定を超えて巨額となることがある。追加担保請求を受
けない場合であっても、上記のような時価変動要因と時価変動特性を理解し、
解約清算金がどのくらいの大きさになりうるかを把握しておかなければ、顧
客の自己責任を問うことはできない。

　このような追加担保請求を受けるおそれと多額の解約清算金請求を受ける
おそれのあるデリバティブ取引について、「取引の仕組みは、単に外貨相場
が上がれば利益が出て、下がれば損失が出るという単純なものである」など
と主張する銀行や証券会社が多いが、このような業者は取引の仕組みを理解
していないといえる。すなわち、投資家が無限の時間と資金を有していて、
どれほど大きな資金流出をしても耐えられるのであれば、ただ満期がくるの
を待って、そのつど決済を繰り返すことも不可能ではなく、上記のような業
者見解も成り立つ余地があるかもしれない。しかし、現実の投資家は無限の
時間と資金を有しているわけではない。時間と資金に限界があり、多額の資
金が流出したのでは本業が成り立たなくなる（あるいは計画していた事業を断
念しなければならなくなる）おそれがあるのだから、投資家は損失や資金流出
を自ら許容できる範囲にとどめ、それを超えることのないようリスク管理を
行うことが不可欠であり、そのためには追加担保や解約清算金の大きさにつ
ながる時価を把握することが不可欠である。

　以上のとおり、デリバティブ取引の時価、時価変動要因、時価変動特性に
ついて主張立証することが重要である。

　時価に関する立証は、実際に取引した金融商品の時価の推移を業者に明ら
かにさせること、および、専門業者や研究者に鑑定依頼することによる。

(d) 中途解約困難性

相場予測を的中させることは誰にとっても困難であるから、期待していたのとは逆の事態が発生することを想定し、その場合の対策を確保しておく必要がある。対策といっても、素人がリスク管理するためには、自らのリスク許容度を超える前に取引を終了させることが唯一の現実的な手段である。つまり中途解約可能性の有無がリスク管理上極めて重要である。

とりわけ長期のデリバティブの場合、中途解約することによって損失の拡大を防止する必要性は大きい。

仮に中途解約可能性がないとすれば、投資家を取り巻く環境において、あるいは、市場において、どのような事態が生じようとも、取引の最終期日まで最大損失を甘受するしかないことになる。前者はたとえば、投資家が病気で大金を必要とするに至るとか新たな事業を行おうとして資金が必要になるといった事情であり、投資家の人生におけるリスク管理といえる。後者はたとえば、相場が予測に反して急激に変動し、そのままポジションを保持したのではリスク許容度を超えるおそれがあるといった事情であり、相場におけるリスク管理といえる。このような事態に直面した場合、取引が中途解約可能性を欠くとすれば、これらの両面でリスク管理は不可能であり、ひとたび取引に入ったらリスク管理できないことを意味するから、極めてリスクが高いといえる。このことが説明義務や適合性原則の判断の重要な前提事項となる。

(e) 誤解を招きやすい外形

近時新たに販売されている金融商品は、一見すると有利に見えるように組成されている。デリバティブを用いるなどして、素人にとって有利に見え、かつ、リスクに気付きにくいように作られているのが特徴である。特に為替デリバティブの場合は、一般投資家はフォワードレートについての理解がないため、容易に誤解してしまう傾向にある。

フォワードレートとは、将来時点で外貨を購入または売却する価格を現時

第1部　総　論

点で決定したものである。将来の予測ではなく、現時点で金利差に基づいて無裁定理論に基づいて計算上確定されるものである。フォワードレートをもとに、現実に莫大な数量の為替取引が行われている。外貨金利高・円金利安の状況では、フォワードレートは外貨安・円高になる（金利平価理論）。それゆえ10年のフラット為替はスポットレートよりも大幅に安くなり、一見すると安く米ドルを買えて（少々円高になってもそれよりも安く買えて）非常に有利に見える。しかしそれは10年間の前半で直先差益を先食いしているだけであって何ら有利なものではない（伊藤眞「予定外貨建輸入債務をヘッジ対象とする包括的長期為替予約又はクーポン・スワップに関するヘッジ会計の妥当性及び会計処理」三田商学研究47巻1号191頁参照）。オプション取引においても、オプション価格はフォワードレートを中心値として正規分布の仮定を置いて計算されることから、プットオプションの売りの時価は大きくマイナスになるが、素人はスポットレートを基準に考えるために時価が大幅にマイナスになっていることに気付かない。そのため自分が引き受けるリスクの大きさを過小評価することになる。

　その他、上述した満期のペイオフで利益が生ずる為替水準であっても、時価が大幅にマイナスとなること（追加担保請求され、支払えないと巨額の解約清算金を要求される）は最も大きな「誤解」である。

　このように、一見有利であると誤解しやすい商品構造を持っていることが、説明義務等の主張の前提として重要である。

(中嶋　弘)

【参考文献・資料】

可児滋『デリバティブの落とし穴』（日本経済新聞社）

可児滋・雪上俊明『デリバティブがわかる』（日本経済新聞社）

吉本佳生『確率・統計でわかる「金融リスク」のからくり』（講談社ブルーバックス）

吉本佳生『金融工学の悪魔』（日本評論社）

吉本佳生『金融工学　マネーゲームの魔術』（講談社＋α新書）

吉本佳生『投資リスクとのつきあい方(上)(下)』（講談社＋α新書）

佐藤司『企業 ALM の理論と実務』（金融財政事情研究会）

金子誠一ほか『証券アナリストのための数学再入門〔増補改訂版〕』（ときわ総合サービス）

神永正博『ウソを見破る統計学』（講談社ブルーバックス）

藤林宏ほか『Excel で学ぶファイナンス２　証券投資分析〔第３版〕』（金融財政事情研究会）

杉本浩一・福島良治・若林公子『スワップ取引のすべて〔第５版〕』（金融財政事情研究会）

日本銀行金融市場研究会編著『オプション取引のすべて』（金融財政事情研究会）

高橋誠・新井富雄『ビジネス・ゼミナール　デリバティブ入門』（日本経済新聞社）

大和証券業務開発部編著『デリバティブ・リスク管理』（金融財政事情研究会）

ピーター・L・バーンスタイン『証券投資の思想革命』（東洋経済新報社）

櫻井豊『数理ファイナンスの歴史』（金融財政事情研究会）

足立光生『金融工学を勉強しよう』（日本評論社）

安岡孝司『債券投資のリスクとデリバティブ』（大学教育出版）

中窪文男『為替オーバーレイ入門』（東洋経済新報社）

シティバンク銀行個人金融部門編著『通貨投資戦略』（東洋経済新報社）

全国銀行協会「デリバティブ取引についての銀行界の考え方」金融581号52頁

金融庁「金融商品取引業者等向けの総合的な監督指針」「主要行等向けの総合的な監督指針」

証券取引等監視委員会「金融商品取引業者等検査マニュアル」

第1部　総　論

第5章　各種資料の活用

1　顧客勘定元帳

(1)　顧客勘定元帳とは

(A)　法定帳簿書類

　顧客勘定元帳とは、金融商品取引法46条の2、金商業等府令157条1項9号によって、金融商品取引業者に作成・保存が義務付けられている帳簿書類である。

　信用取引等の元帳（業府令164条1項1号）とそれ以外の取引の元帳（同項2号）は分冊することが求められている（同条2項1号）。

(B)　記載事項

　記載事項は、金商業等府令164条1項に定めがあり、以下の取引区分ごとに、下記各事項の記載が義務付けられている。

①　信用取引、発行日取引（国債の発行日前取引を除く）、選択権付債券売買、市場デリバティブ取引および店頭デリバティブ取引（業府令164条1項1号）

　イ　顧客の氏名または名称

　ロ　約諾書番号

　ハ　銘柄

　ニ　取引の種類（現先取引、有価証券の空売り、金融商品先物取引および金融指標先物取引の新規・決済または解除の別、金融商品等オプション取引の新規・権利行使・転売・買戻しまたは相殺の別、クレジットデリバティブ取引等の新規・権利行使・転売または買戻しの別を除く）

　ホ　売付けまたは買付けの別

　ヘ　約定年月日

第 5 章　各種資料の活用

ト　数量（数量がない場合にあっては、件数または数量に準ずるもの）

チ　約定価格または単価および金額

リ　委託手数料

ヌ　信用取引支払利息もしくは信用取引受取利息または品借料もしくは品貸料

ル　入出金および差引残高

ヲ　受入保証金、委託証拠金、売買証拠金その他の担保財産に関する事項（現金または代用有価証券等の別、受入年月日または返却年月日、銘柄、数量および金額）

② 　①に掲げる取引以外の取引（業府令164条 1 項 2 号）

イ　顧客の氏名または名称

ロ　約定年月日

ハ　銘柄

ニ　数量（数量がない場合にあっては、件数または数量に準ずるもの）、単価および金額

ホ　受渡年月日

ヘ　借方、貸方および残高

ト　スタート分の取引またはエンド分の取引の別

チ　現先取引についてはその旨

(2)　**顧客勘定元帳の読み方**

(A)　**信用取引等以外の取引の顧客勘定元帳**

　株式現物取引や投資信託（MMF や MRF を含む）、債券の取引などが記載された元帳であり、円建のものと外貨建のものとを別冊にする金商業者も多い。

　前記の法定記載事項（前記(1)(B)②）に従って、受渡年月日、約定年月日、取引種別（買付けか売付けか）、銘柄名、数量、単価が記載されている。買付けの場合、数量×単価の金額が借方（支払額）欄に記載されることとなるが、

73

第1部　総　論

数値が一致しない場合は、買付けに関する手数料等経費が控除されたということになる。資料①でいえば、27年1月13日受渡しの(A)社の株式は1株402円で1000株買い付けており、買付総額は1,000×402＝402,000（円）となるところ、借方欄には406,610と記載されている。差額の4610円は買付けに関する手数料等の諸経費である。

売付けの場合、数量×単価の金額が貸方（入金額）欄に記載されることとなるが、数値が一致しない場合は、売付けに関する手数料等経費が控除されたということになる。資料①でいえば、27年2月2日受渡しの(C)社の株式は1株1220円で1000株売却しており、売付総額は1,000×1,220＝1,220,000（円）となるところ、貸方欄には1,193,854と記載されている。差額の2万6146円は売付けに関する手数料等の諸経費である。

なお、投資信託の場合は単価欄に基準価格（1万円から上下する）を記載しつつ、数量欄に買付（売付）金額合計を口数として記載している元帳もあり、注意が必要である。債券においても数量と単価を掛け合わせたものと借方・貸方欄の記載があわない場合が多いが、その場合は、借方・貸方欄の金額を総代金額として重視し、数量と単価にはこだわらないほうが正確性が保てるケースが多い。

入出金や株式配当金、投資信託の分配金、債券の利金といった金銭の出入もこの元帳に記載されるのが通常である。また、信用取引により発生した損益金および受取配当金相当額についてはその他の取引に係る顧客勘定元帳に振り替えられることになっているため（業府令164条2項2号）、この元帳に記載される。

通常は全ての顧客について作成される元帳といえるため、あらゆる事案でこの元帳を取り寄せ、上記の読み方に従って依頼者が行った取引をトレースしていく。エクセルや証券天救（専用ソフト）を用いて、約定日（受渡日）、銘柄、取引種別、数量、単価、手数料、合計金額の順に表に整理し、買付けと売付けを対応させて、各取引の損益を計算していくこととなる（資料②）。

74

第5章　各種資料の活用

銘柄についてはコードだけが記載されていたり、その金商業者内でしかわからない数字やアルファベットが記載されていることもあり、そのような場合は当該業者に対する問合せが必要である。また、買付けと売付けは信用取引のようには対応しないこともあり（3000株買い付けた後、2000株を買い付け、その後に4000株、1000株と順次売り付けるなど）、日付順などのルールを設けて対応関係を考えることとなる。なお、株式分割で株式数が増加する場合などもあり、四季報で確認するなど注意が必要である。

　入出金については、別項目とするか別表に整理したほうがわかりやすい。

　なお、外貨建ての顧客勘定元帳の場合は、単価とは別に当時の為替レートが記載されていることが多く、為替レートを掛け合わせて総代金額を計算する必要がある。

(B)　信用取引等の顧客勘定元帳

　信用取引のほか、市場デリバティブ取引および店頭デリバティブ取引については、取引種別ごとに分冊して顧客勘定元帳を作成することが義務付けられており（業府令164条2項1号）、顧客がそれらの取引を行っている場合は、金商業者に対し、漏れのないように元帳の交付を要求する必要がある。

　以下では、代表的なものとして信用取引の元帳の読み方を述べる。

　信用取引の元帳は、銘柄、取引種別（売り買いの別）、約定日、株数、単価、合計金額が、建約定（新規）と埋約定（仕切）とで区分されて記載されていることが多く、新規と仕切りが1対1で対応する形となっているため、比較的読みやすい。また手数料をはじめとする経費の明細も別項目で記載されている。

　買いを建てて（新規）、売りで埋めた（仕切）場合は、埋約定の株数×単価から、建約定の株数×単価を控除し、そこから手数料等の経費を引いたものが決済差金額となる。資料③でいえば、27年12月13日買付約定のD社は1株7260円で5000株購入し、同月21日に1株7400円で売りで埋めており、手数料が30万9672円、消費税が1万5482円、金利が1万6111円であるため、

75

第1部　総　論

$5,000 \times 7,400 - 5,000 \times 7,260 - 309,672 - 15,482 - 16,111 = 358,735$（円）が
決済差金額となる。

　売りを建てて（新規）、買いで埋めた（仕切）場合は、建約定の株数×単価
から、埋約定の株数×単価を控除し、そこから手数料等の経費を引いたもの
が決済差金額となる。資料③でいえば、27年12月13日売付約定のE社は1
株750円で2万5000株売り建て、同月15日に1株741円で買いで埋めており、
手数料が18万9974円、消費税が9498円、貸株料が2953円であるため、$25,000 \times 750 - 25,000 \times 741 - 189,974 - 9,498 - 2,953 = 22,575$（円）が決済差金額
となる。

　信用取引を行った依頼者については、この元帳を取り寄せ、上記の読み方
に従って依頼者が行った取引をトレースしていく。エクセルや証券天救（専
用ソフト）を用いて、約定日（受渡日）、銘柄、新規仕切の別、売り買いの別、
数量、単価、合計金額、手数料等の順に表に整理し、新規と仕切を対応させ
て、各取引の損益（決済差金）を計算していくこととなる（資料④）。

2　被害救済に有用な社内資料

　金融商品取引事案においては、顧客側には重要な資料が欠落しているケー
スも珍しくない。他方で、金商業者は多数の資料を作成しており、その中に
は被害救済にとって有用なものも多い。証拠保全での収集や訴訟手続におけ
る提出要求（文書提出命令を含む）などによって、以下のような資料の入手
に努めるべきである。

　①　顧客カード

　②　口座開設申込書

　③　取引開始基準および勧誘開始基準に関する文書

　④　適合性審査文書

　⑤　接触履歴（顧客との電話・訪問等による接触記録）

　⑥　電話会話の録音記録

第5章　各種資料の活用

⑦　注文伝票

⑧　社内検査規則およびそれに基づき作成された文書

⑨　社内研修における資料

①・②は、投資経験・投資意向・財産状況などが記載されており、適合性原則違反の有無の判断に不可欠の資料である。

③は、日本証券業協会の自主規制において、信用取引・デリバティブ取引などについて取引開始基準を、店頭デリバティブ取引に類する複雑な仕組債・複雑な投資信託などについて各会員に勧誘開始基準を定めるよう要請がなされており、適合性原則違反の有無の判断に不可欠の資料である。

④は、金商業者社内で適合性を審査した際の文書で、①～③同様、適合性原則違反の有無の判断に不可欠のものである。

⑤・⑥は、いずれも相手方職員が顧客と訪問・電話などで接触した際のやりとりを記録するべく業務上作成されたものであって、事実関係を明確にするため不可欠なものである。

⑦は、とりわけ無断売買が争点になる事案では、注文時間や注文内容の確定のために確認が必要となる。また、成立した注文分だけでなく、不成立の注文分についても作成されているため、確認が必要になることがある。取引量にもよるが分量が多くなりがちであるため、提出させるには範囲の特定を検討する必要もある。

⑧は、金融商品取引事故の予防・把握のため制定されており、これに基づき、問題発生の場合には問題点と対処策に関する文書が作成される。本社から検査担当者が派遣されて監査資料が作成されるケースもある。

⑨は、特に問題となる商品が複雑な場合に、当該商品をどのように説明して顧客に売るべきかといった説明義務の履行に必要な事項等が記載されており、説明義務違反の有無の判断に不可欠の資料である。

（加藤　進一郎）

第1部　総論

〈資料①〉　顧客勘定元帳（例）

店コード（○○○）　　　　　　　　　　　　　顧　客　勘　定　元　帳

（○○.○○.○○-○○.○○.○○）　　　　（コキヤク　カンジョウ）

顧客名 顧客コード（扱者）	課税区分	受渡日	約定日	種別	銘柄名または摘要	銘柄	回号	取引種別	数量
○○○○ ○○○○（○○○）					＊ウケワタシビ ザン＊				
		27 1 13	1 7	21	Ⓐ社	7701		31 11	(1000)
		27 1 13	1 12	74	ⒷMRF カイヤク				406610
					＊ウケワタシビ ザン＊				
		27 1 21		43	ガイコク サイケン リキン	13375	00001		1000
		27 1 21	1 20	76	ⒷMRF カイツケ				18000
					＊ウケワタシビ ザン＊				
		27 1 31	1 31	11	ニユウキン（フリコミ）			06	
		27 1 31	1 31	12	フリコミリヨウ				
					＊ウケワタシビ ザン＊				
		27 2 1	1 31	76	ⒷMRF カイヤク				600000
					＊ウケワタシビ ザン＊				
	1	27 2 2	1 28	21	Ⓒ社	4549		11 11	(1000)
		27 2 2	1 28	21	Ⓓ社	9766		31 11	100
		27 2 2	2 1	74	ⒷMRF カイヤク				584061
					＊ウケワタシビ ザン＊				
		27 2 4		47	ⒺMMF				
		27 2 4		45	ガイコク トウシン ブンパイキン	24787			200
	1	27 2 4	2 1	21	Ⓕ社	6146		11 11	100
		27 2 4	2 3	76	ⒷMRF カイツケ				2675197
					＊ウケワタシビ ザン＊				
		27 2 9	2 4	21	Ⓖ社	8155		31 11	1000
		27 2 9	2 8	74	ⒷMRF カイヤク				2120797
					＊ウケワタシビ ザン＊				
		27 2 16	2 16	11	ニユウキン（フリコミ）			06	
		27 2 16	2 16	12	フリコミリヨウ				
					＊ウケワタシビ ザン＊				
		27 2 17	2 14	22	Ⓗ社	15241		31 11	100
		27 2 17	2 15	31	Ⓘ社	7517 1		13 51	100
		27 2 17	2 16	74	ⒷMRF カイヤク				424855
					＊ウケワタシビ ザン＊				
		27 2 21	2 16	21	Ⓙ社	6423		31 11	100
		27 2 21	2 18	74	ⒷMRF カイヤク				166084
		27 2 21	2 21	11	ニユウキン（フリコミ）			06	
					＊ウケワタシビ ザン＊				
	1	27 2 22	2 17	22	Ⓗ社	15241		11 11	100
		27 2 22	2 21	76	ⒷMRF カイツケ				327225
					＊ウケワタシビ ザン＊				
	2	27 3 2	2 28	21	Ⓚ社	4061		11 11	3000
	2	27 3 2	2 28	21	Ⓐ社	7701		11 11	1000
		27 3 2	2 28	21	Ⓛ社	7537		31 11	1000
		27 3 2	3 1	74	ⒷMRF カイヤク				192257
					＊ウケワタシビ ザン＊				
		27 3 7		47	ⒺMMF				
		27 3 7		45	ガイコク トウシン ブンパイキン	24787			2000
					＊ウケワタシビ ザン＊				
		27 3 8	3 8	11	ニユウキン（フリコミ）			06	
		27 3 8	3 8	12	フリコミリヨウ				
					＊ウケワタシビ ザン＊				
		27 3 9	3 8	76	ⒷMRF カイツケ				220000
					＊ウケワタシビ ザン＊				
		27 3 10	3 7	21	Ⓜ社	4050		31 11	1000
		27 3 10	3 9	74	ⓃMMF カイヤク				9116
		27 3 10	3 9	74	ⒷMRF カイヤク				355019

$$406,610 - 402,000 = \underline{4,610}$$
買付の手数料等諸経費

$$1,000 \times 402 = 402,000$$

○○証券株式会社　　○○年○○月○○日　作成　No　4／　14

単価	相手勘定	借方	貸方	差引残高	貸借	*
				0		* *
(402)		(406610)				
			406610	0		* *
			18000			J
		18000				
			599685	0		* *
			315			
		600000		600000		* *
				0		* *
(1220)			(1193854)			
17600		1777915				
			584061	0		* *
		864				J
			864			J
27300			2675197			
		2675197		0		* *
2100		2120797		0		* *
			2120797			
			279685			
			315			
24 8125		281055		280000		* *
4238		423800	315			
			424855			
6350		642282		0		* *
			166084			
			479985			
31			323438	3787		* *
		327225		0		* *
290			860021			
428			423092			
1460		1475370				
			192257			
		9068		0		* * J
			9068	0		J * *
			219685			
			315			
		220000		220000		* *
				0		* *
360		364129				
			9110			
			355019			

$$1,000 \times 1,220 = 1,220,000$$
$$1,220,000 - 1,193,854 = 26,146$$

79

第1部　総　論

〈資料②〉　取引一覧表（例）

No.	約定日	銘柄名	単価	買数	買		売	売数
1	H26.6.9	A社	843,000	7	新			
2	H26.6.11	B社	11,041	900	新			
3	H26.6.29	C投信	10,000	12,750,000	新			
4	H26.10.19	A社	927,000				決	7
5	H26.10.19	B社	11,500	600	新			
6	H26.11.2	B社	11,900				決	1,500
7	H26.11.4	D社	7,780	2,200	新			
8	H26.12.29	D社	7,900				決	2,200
9	H26.12.30	E社	4,180	4,000	新			
10	H27.5.27	F社	13,900	1,100	新			
11	H27.5.27	E社	3,940				決	4,000
12	H27.6.1	G社	241,000	70	新			
13	H27.6.1	F社	14,660				決	800
14	H27.6.1	F社	14,650				決	200
15	H27.6.1	F社	14,630				決	100
16	H27.6.17	G社	252,000				決	70
17	H27.6.20	H社	4,140	4,000	新			
18	H27.6.22	H社	4,300				決	4,000
19	H27.6.22	I社	284	50,000	新			
20	H27.7.12	I社	277				決	50,000
21	H27.7.12	J社	475,000	35	新			
22	H27.7.13	K社	370,000	45	新			
23	H27.7.13	J社	505,000				決	35
24	H27.7.22	K社	353,000				決	45
25	H27.7.22	F社	13,600	1,200	新			
26	H27.7.27	F社	14,500				決	1,200
27	H27.7.28	C投信	8,459	12,750,000			決	

第5章　各種資料の活用

約定金額	手数料	合計金額	差引損益金	差引損益累計	手数料累計
5,901,000	0	5,901,000		0	0
9,936,900	0	9,936,900		0	0
13,151,625		13,151,625		0	0
6,489,000	54,004	6,434,996	533,996	533,996	54,004
6,900,000	56,739	6,956,739		533,996	110,743
17,850,000	119,301	17,730,699	837,060	1,371,056	230,044
17,116,000	115,379	17,231,379		1,371,056	345,423
17,380,000	116,790	17,263,210	31,831	1,402,887	462,213
16,720,000	113,264	16,833,264		1,402,887	575,477
15,290,000	103,423	15,393,423		1,402,887	678,900
15,760,000	105,883	15,654,117	−1,179,147	223,740	784,783
16,870,000	111,689	16,981,689		223,740	896,472
11,728,000	78,405	11,649,595	619,807	843,547	974,877
2,930,000	19,586	2,910,414		843,547	994,463
1,463,000	9,779	1,453,221		843,547	1,004,242
17,640,000	115,717	17,524,283	542,594	1,386,141	1,119,959
16,560,000	110,067	16,670,067		1,386,141	1,230,026
17,200,000	113,415	17,086,585	416,518	1,802,659	1,343,441
14,200,000	97,722	14,297,722		1,802,659	1,441,163
13,850,000	95,891	13,754,109	−543,613	1,259,046	1,537,054
16,625,000	110,407	16,735,407		1,259,046	1,647,461
16,650,000	110,538	16,760,538		1,259,046	1,757,999
17,675,000	115,900	17,559,100	823,693	2,082,739	1,873,899
15,885,000	106,536	15,778,464	−982,074	1,100,665	1,980,435
16,320,000	108,812	16,428,812		1,100,665	2,089,247
17,400,000	114,461	17,285,539	856,727	1,957,392	2,203,708
10,785,225		10,785,225	−2,366,400	−409,008	2,203,708

81

第1部 総論

〈資料③〉 信用取引顧客勘定元帳（例）

顧客名　　　　　　　　　　　　　　　　　　　　　　　信 用 取 引 顧

部店　顧客コード

○○○○　　　　　　　　　　　　　　　　　　　　　27年10月3日

売付約定日 / 買付約定日	売付株数 / 買付株数(株)	売付単価 / 買付単価(円)	売付金額 / 買付金額(円)	銘 柄 名	市場
2712 9 / 2712 8	3000 / 3000	1306 / 1275	3918000 / 3825000	6ケ月選択 A社	東
2712 9 / 2712 8	3000 / 3000	1306 / 1275	3918000 / 3825000	6ケ月選択 A社	東
2712 9 / 2712 8	4000 / 4000	1306 / 1276	5224000 / 5104000	6ケ月選択 A社	東
271221 / 2712 8	300 / 300	11250 / 10850	3375000 / 3255000	6ケ月選択 B社	東
271221 / 2712 8	700 / 700	11260 / 10850	7882000 / 7595000	6ケ月選択 B社	東
271229 / 2712 8	2000 / 2000	11800 / 10850	23600000 / 21700000	6ケ月選択 B社	東
28 222 / 2712 9	3000 / 3000	0 / 9320	0 / 27960000	6ケ月選択 C社	東

	売付株数(株)	売付金額(円)	買付
未決済残高　　　　　　年　月　日決済現在			

※銘柄名の上段の＊は自己融資の建玉です。　　※銘柄名の前の＊は権利処理の建玉です。

顧客名　　　　　　　　　　　　　　　　　　　　　　　信 用 取 引 顧

部店　顧客コード

○○○○　　　　　　　　　　　　　　　　　　　　　27年10月3日

売付約定日 / 買付約定日	売付株数 / 買付株数(株)	売付単価 / 買付単価(円)	売付金額 / 買付金額(円)	銘 柄 名	市場
271221 / 271213	5000 / 5000	7400 / 7260	37000000 / 36300000	6ケ月選択 D社	東
271213 / 271215	25000 / 25000	750 / 741	18750000 / 18525000	6ケ月選択 E社	東
271226 / 271214	1000 / 1000	0 / 1458	0 / 1458000	6ケ月選択 A社	東
271226 / 271214	9000 / 9000	0 / 1459	0 / 13131000	6ケ月選択 A社	東
271221 / 271214	1000 / 1000	11260 / 10890	11260000 / 10890000	6ケ月選択 B社	東
271214 / 271215	25000 / 25000	774 / 741	19350000 / 18525000	6ケ月選択 E社	東
271215 / 271215	25000 / 25000	1251 / 1228	31275000 / 30700000	6ケ月選択 F社	東

	売付株数(株)	売付金額(円)	買付
未決済残高　　　　　　年　月　日決済現在			

※銘柄名の上段の＊は自己融資の建玉です。　　※銘柄名の前の＊は権利処理の建玉です。

客　勘　定　元　帳

~28年3月31日　　　　　　　○○支店　　　　　　　○○○○頁

委託手数料 / 消費税(円)	貸株料(円)	金利及び品貸(借)料(円)	権利処理等手数料 / 消費税(円)	管理費 / 消費税(円)		日数	譲渡益税(円)	決済損益(円)	決済
34944 / 1746	0	282	0 / 0	0 / 0	0	2	特定 / 特定	56028	1
34942 / 1746	0	282	0 / 0	0 / 0	0	2	特定 / 特定	56030	1
46615 / 2333	0	377	0 / 0	0 / 0	0	2	特定 / 特定	70675	1
34299 / 1714	0	1805	0 / 0	0 / 0	0	15	特定 / 特定	82182	1
80071 / 4002	0	4213	0 / 0	0 / 0	0	15	特定 / 特定	198714	1
233594 / 11681	0	18762	0 / 0	0 / 0	0	24	特定 / 特定	1635963	1
146021 / 7301	0	78594	0 / 0	600 / 30	0	76	特定 / 特定	28192546	-2

株数(株)	買付金額(円)	委託手数料 / 消費税(円)	貸株料(円)	金利及び品貸(借)料(円)	権利処理等手数料 消費税(円)	管理費 消費税(円)

※金利及び品貸（借）料の欄＊表示は顧客の受取りです。
※上場投信及び優先出資証券（銘柄名の前に「Y」を表示）の数量は口数単位です。
※決済欄の 'マ' は非貸借銘柄を表します。
※決済損益の欄－表示は顧客の損金です。
※決済
1：売買　4：権利処理　9：取消
2：現引　5：権利引受　A：他市場返済
3：現渡　6：付け出し

客　勘　定　元　帳

~28年3月31日　　　　　　　○○支店　　　　　　　○○○○頁

委託手数料 / 消費税(円)	貸株料(円)	金利及び品貸(借)料(円)	権利処理等手数料 / 消費税(円)	管理費 / 消費税(円)		日数	譲渡益税(円)	決済損益(円)	決済
309672 / 15482	0	16111	0 / 0	0 / 0	0	12	特定 / 特定	358735	1
189974 / 9498	2953	0	0 / 0	0 / 0	0	5	特定 / 特定	22575	1
8629 / 431	0	593	0 / 0	0 / 0	0	11	特定 / 特定	1467653	-2
77724 / 3886	0	5342	0 / 0	0 / 0	0	11	特定 / 特定	13217952	-2
130721 / 6536	0	3625	0 / 0	0 / 0	0	9	特定 / 特定	229118	1
192651 / 9632	1219	0	0 / 0	0 / 0	0		特定 / 特定	621498	1
314445 / 15721	985	0	0 / 0	0 / 0	0	1	特定 / 特定	243849	1

株数(株)	買付金額(円)	委託手数料 / 消費税(円)	貸株料(円)	金利及び品貸(借)料(円)	権利処理等手数料 消費税(円)	管理費 消費税(円)

※金利及び品貸（借）料の欄＊表示は顧客の受取りです。
※上場投信及び優先出資証券（銘柄名の前に「Y」を表示）の数量は口数単位です。
※決済欄の 'マ' は非貸借銘柄を表します。
※決済損益の欄－表示は顧客の損金です。
※決済
1：売買　4：権利処理　9：取消
2：現引　5：権利引受　A：他市場返済
3：現渡　6：付け出し

第1部　総　論

〈資料④〉　信用取引一覧表（例）

	銘柄	市場		日付	売買	数量	単価	約定金額	手数料等
1	O社	東1	建	2015/8/2	買	400	8,050	3,220,000	30,982
2	O社	東1	建	2015/8/2	買	100	8,020	802,000	7,716
3	P社	東1	建	2015/8/2	買	1,000	2,970	2,970,000	27,125
4	P社	東1	建	2015/8/2	買	1,000	2,890	2,890,000	26,395
5	Q社	東1	建	2015/8/2	買	1,000	1,990	1,990,000	20,410
6	S社	東1	建	2015/8/2	買	1,000	1,352	1,352,000	14,668
7	T社	東1	建	2015/8/3	買	2,000	920	1,840,000	19,060
8	S社	東1	建	2015/8/4	買	1,000	1,458	1,458,000	14,373
9	S社	東1	建	2015/8/4	買	1,000	1,455	1,455,000	14,344
10	S社	東1	建	2015/8/11	買	1,000	1,411	1,411,000	13,951
11	S社	東1	建	2015/8/11	買	1,000	1,405	1,405,000	13,893
12	U社	東1	建	2015/8/12	買	1,000	1,033	1,033,000	11,797
13	U社	東1	建	2015/8/13	買	2,000	1,080	2,160,000	21,940
14	U社	東1	建	2015/8/16	買	1,000	1,058	1,058,000	10,363
15	U社	東1	建	2015/8/16	買	2,000	1,045	2,090,000	20,469
16	U社	東1	建	2015/8/17	買	2,000	1,018	2,036,000	19,574
17	U社	東1	建	2015/8/17	買	2,000	1,018	2,036,000	19,574
18	V社	東1	建	2015/8/18	買	2,000	365	730,000	7,586
19	V社	東1	建	2015/8/18	買	3,000	355	1,065,000	11,069
20	S社	東1	建	2015/8/19	買	1,000	1,634	1,634,000	17,206
21	W社	東1	建	2015/8/19	買	2,000	831	1,662,000	16,208
22	W社	東1	建	2015/8/19	買	1,000	830	830,000	8,095
23	W社	東1	建	2015/8/19	買	1,000	830	830,000	8,095
24	X社	東1	建	2015/8/20	買	17,000	184	3,128,000	30,277
25	X社	東1	建	2015/8/20	買	3,000	184	552,000	5,343
26	Y社	東1	建	2015/8/23	買	11,000	256	2,816,000	26,587
27	Y社	東1	建	2015/8/23	買	8,000	256	2,048,000	19,336
28	Y社	東1	建	2015/8/23	買	1,000	256	256,000	2,417
29	Z社	東2	建	2015/9/1	買	1,000	1,450	1,450,000	15,550
30	O社	東1	建	2015/9/2	買	600	9,690	5,814,000	53,198

84

第5章　各種資料の活用

銘柄		日付	売買	数量	単価	約定金額	手数料等	損益	損益累計	保有日数
O社	埋	2015/8/11	売	400	8,370	3,348,000	32,132	60,513	60,513	9
O社	埋	2015/8/11	売	100	8,370	837,000	8,033	18,162	78,675	9
P社	埋	2015/9/16	売	1,000	2,745	2,745,000	25,465	−285,882	−207,207	45
P社	埋	2015/9/16	売	1,000	2,745	2,745,000	25,465	−205,173	−412,380	45
Q社	埋	2015/8/4	売	1,000	2,050	2,050,000	20,950	16,178	−396,202	2
S社	埋	2015/8/16	売	1,000	1,462	1,462,000	14,410	78,664	−317,538	14
T社	埋	2015/9/1	売	2,000	920	1,840,000	19,060	−42,365	−359,903	29
S社	埋	2015/8/17	売	1,000	1,516	1,516,000	14,477	27,013	−332,890	13
S社	埋	2015/8/17	売	1,000	1,516	1,516,000	14,477	30,046	−302,844	13
S社	埋	2015/8/17	売	1,000	1,516	1,516,000	14,478	74,870	−227,974	6
S社	埋	2015/8/16	売	1,000	1,456	1,456,000	14,352	21,119	−206,855	5
U社	埋	2015/9/2	売	1,000	970	970,000	8,873	−85,504	−292,359	21
U社	埋	2015/9/2	売	2,000	970	1,940,000	17,746	−263,371	−555,730	20
U社	埋	2015/9/2	売	1,000	970	970,000	8,874	−109,039	−664,769	17
U社	埋	2015/9/2	売	2,000	970	1,940,000	17,747	−191,787	−856,556	17
U社	埋	2015/8/19	売	2,000	1,026	2,052,000	19,718	−25,659	−882,215	2
U社	埋	2015/8/19	売	2,000	1,026	2,052,000	19,718	−25,661	−907,876	2
V社	埋	2015/8/19	売	2,000	370	740,000	7,660	−6,066	−913,942	1
V社	埋	2015/8/19	売	3,000	370	1,110,000	11,490	21,230	−892,712	1
S社	埋	2015/8/20	売	1,000	1,675	1,675,000	17,575	4,352	−888,360	1
W社	埋	2015/8/20	売	2,000	862	1,724,000	16,766	27,246	−861,114	1
W社	埋	2015/8/20	売	1,000	862	862,000	8,383	14,633	−846,481	1
W社	埋	2015/8/20	売	1,000	863	863,000	8,392	15,624	−830,857	1
X社	埋	2015/8/20	売	17,000	205	3,485,000	33,490	289,920	−540,937	0
X社	埋	2015/8/20	売	3,000	205	615,000	5,910	51,164	−489,773	0
Y社	埋	2015/9/6	売	11,000	232	2,552,000	25,468	−320,336	−810,109	14
Y社	埋	2015/8/24	売	8,000	262	2,096,000	21,364	5,104	−805,005	1
Y社	埋	2015/9/22	売	1,000	216	216,000	2,500	−45,508	−850,513	30
Z社	埋	2015/9/2	売	1,000	1,695	1,695,000	17,755	209,974	−640,539	1
O社	埋	2015/9/9	売	600	10,590	6,354,000	56,978	422,470	−218,069	7

■第2部■

各　論

第2部の事例は、実際にあった事案をもとに、これを改変し、当事者及び事例が特定されないように手当をしたものである。また取引条件については実際の事例と異なる商品・数値を用いたため、厳密に時価を計算すると整合性がとれていない可能性があることをご了承いただきたい。

Part 2

第2部 各 論

第1章 株式現物（外国株）取引
の事例

1 事例の概要

(1) 遺産株の相続

Xは、夫の死亡に伴って、亡夫の遺産として、約2000万円相当の株式（複数）を相続した。その遺産株はいずれも東証上場の有名な銘柄であった。Xは、それまで株式取引をはじめ何らの証券取引を行ったことがなかったので、それらの株式を保管するため、近所の証券会社で取引口座を開設して、それらの株式を預けた。その後間もなく、その証券会社の外務員Pが、Xに、「預り保管中の株式（遺産株）は時代遅れの銘柄である。現代的な銘柄に切り替えたほうがよい」と勧誘したので、それに応じて、保有中の株式（遺産株）をほぼ全て売却し、外務員Pが推奨する銘柄（複数）に乗り換えた。

(2) 被害に遭った経緯

しばらくして、新たに担当者となった外務員Qが、よりよい銘柄があるとして、複数の銘柄を推奨し、Xはそれを受け入れたところ、外務員QはXを誘導して次々と頻繁に売買取引を行わせたが、対象銘柄の多くが仕手株だったことから、Xは約800万円の損失を被った。外務員QはXに謝るとともに、損失を取り戻そうと新たな証券取引を勧誘した。それは、外国株取引だった。Xは、外国株式のことなど、国内株式のこと以上にわからなかったが、それに応じたところ、外務員Qは米国株式や中国株式についても、Xを誘導して次々と頻繁に売買取引を行わせた。その結果、約800万円の損失を被って、Xは株式資産の大半を失うこととなってしまった。Xは、遺産株の相続時に満60歳であり、5年間の株式取引の後、大きな損失を被った時には、満65歳となっていた。

88

2 受任相談段階

⑴ 弁護士のところへ

Xは、亡夫の遺産株を相続するまで全く証券取引の知識・経験がなかった。その後、外務員P、ついで外務員Qを担当職員として国内株式と外国株式の売買取引を経験したのであるが、その経緯はもっぱら外務員PとQの誘導によるものであり、XもPとQの誘導のままに付き従って売買取引を続けただけであり、株式取引の知識を得ようと学習したこともなかったので、実質的にみて、最後まで、証券取引の知識や経験を習得することがなかった。老後生活のための金融資産である株式資産の大半を失って途方に暮れ、親族への相談を経て、損失回復が可能であるかどうかを弁護士に相談するに至った。

⑵ 愁訴から事実調査へ

初回面談時においては、前記のとおり、Xには株式取引の知識・経験が実質的に乏しいことから、外務員Qに誘導された一連の株式取引について、不本意な経過と結果である旨を訴えるものの、具体的に一連の株式取引のどの点にどのような問題があるかという点を明確に説明することができなかった。いわば、愁訴だけが強いという状態であった。そこで、Xの不本意な点がどこにあるのか、それは外務員の違法・不当行為によるものといえるかどうかを把握し分析するため、まずは、一連性ある売買取引の客観的な経過と内容を整理すること、次に、それを踏まえて、Xに外務員Qとのやりとりの様子と内容を事情聴取することが必要であった。

3 事案調査段階

⑴ 情報収集・資料入手

⒜ 任意収集

(a) 顧客勘定元帳の入手

第2部　各　論

　証券取引の経過と内容は、そのつどの売買報告書や取引残高報告書で顧客投資家に報告される（原則3カ月ごとに、原則として文書で郵送）。しかし、取引期間が長期間であったり、頻繁な売買取引を反映して大量の売買報告書が郵送されてきていた場合には、顧客投資家の手元に残っている報告書類にはかなり欠落がある場合も多い。また、証券取引の経過と内容は、法定帳票の一つである顧客勘定元帳に、基本的にそのすべてが記録されており、かつ、同元帳は前記報告書類と違って一覧性がある。そこで、証券取引の経過と内容を再現するためには、証券会社に請求して、顧客勘定元帳を入手することが望ましい。

⒝　顧客カード（顧客基本情報）と各種確認書

　また、証券営業にあっては、取引口座開設申込書や顧客カード（あるいは顧客基本情報）によって、あらかじめ、顧客投資家の知識・経験や投資意向（目的）などの顧客情報を聞き取って（申告を受けて）把握し保管しておくこととなっている。それらの諸情報に変更があった場合には、その変更も把握し保管される。それらの諸情報をもとにして、外務員が顧客投資家に向けて投資勧誘を行う場合に、対象商品（たとえば株式銘柄）がその顧客投資家にふさわしいかどうかを検討する仕組みとなっている。投資リスクの高い金融商品を勧誘する場合には、その旨を説明し、顧客投資家の理解を得ることとなっている。そして、顧客投資家が高いリスクを理解した旨の確認書を徴求することとなっている。これらの資料は、外務員が、投資勧誘における基本原則である「適合性原則」と「説明義務」を遵守したか否かを吟味し評価する重要な資料であるので、顧客別勘定元帳とともに入手することが望ましい。

⒞　接触履歴と電話会話

　さらに、株式取引の場合、多くが電話勧誘・電話承諾によって行われる。それが頻繁に行われた場合には、顧客投資家がそのやりとりを明確に記憶していることは少ない。それを記録しているのが、接触履歴と電話録音である。前者は外務員が顧客投資家との接触日時と内容を自ら記録したものなので、

第1章　株式現物（外国株）取引の事例

記録者の主観が入るが、業務上の記録として過去事実の再現に有用である。後者は電話でのやりとりそのものの記録であり、記録者の主観が入らないことから、過去事実の再現に極めて有用である。ただし、電話会話の性質として、当事者双方が了解済みのことは言葉上に現われないことから、その意味を理解するのに慎重さが必要となる場合も多い。また、外務員が誘導してあえて顧客投資家が自発的な注文を出したかのような会話を作出する場合もあるので、注意を要する。

(d)　**資料提出の申入れ**

この事案の場合にも、一連性ある株式取引の経過と内容を把握するため、また、外務員が適合性原則・説明義務を遵守していたか否かを把握するために、顧客勘定元帳、取引口座開設申込書、顧客カードその他の資料を入手することとし、まず、証券会社に対して、それら資料の開示・提供を申し入れた。その申入れに応じて、任意に提出を受けられればよいが、そうでない場合には、起訴前証拠保全手続をとることとなる。

なお、一般的傾向として、証券会社は、法定帳票でもある顧客勘定元帳は任意に開示・提出するが、接触履歴や電話録音などは内部資料であるとして任意の提示・提出には応じないことが多い。取引口座開設申込書や顧客カードなどは、証券会社によって対応がさまざまである。

(B)　**起訴前証拠保全**

(a)　**目的および重要な機能**

起訴前証拠保全の手続を用いて、前記した諸資料を収集・入手することは、本来的な目的、すなわち本案訴訟で必要となった場合に使用できないことが生じないように事前確保しておくために重要である。また、顧客投資家の手持ち資料や記憶だけでは再現が困難な具体的な取引経過と内容および外務員と顧客投資家とのやりとりの時期と内容について、事前に入手したうえで、できるだけ的確に事実関係を整理・分析することによって、請求原因事実あるいは争点事実を、訴状段階から明確なものとすることができ、本案訴訟の

91

第2部　各　論

効率的な進行に資する、あるいは、示談交渉の促進に役立つという実際的な機能も重要である。

(b)　検証の実際

起訴前証拠保全の手続にあっては、多くの場合、臨場しての検証実施となるが、裁判所の保全決定をもって実施する手続であることから、証券会社は比較的冷静に対応する。証券会社はいわゆる公的認可を受けた業者であり恒常的に金融商品取引法上の行政監督・行政調査を受けており、公的当局の命令に対応することに慣れているという背景もあろうかと推測される。本件事案でも、起訴前証拠保全の手続をとり、裁判所の保全決定を得て、臨場検証を行い、関係資料の提供を受けた。

(c)　電話録音の後日提出

なお、電話録音については、その場で録音記録を提供することができない社内システムとなっている場合もある。その場合には、後日に提出してもらうとの取扱いがとられることが多い。具体的には、その旨を検証調書に記録し、後日に、証券会社から申立代理人に録音テープ・録音DVD等を提供してもらう。本件事案でも、そのような取扱いとなった。

(2)　整理分析

(A)　商品特性あるいは取引特性の整理分析

(a)　特性分析の重要性——投資コスト面も

証券事件では、問題対象となる金融商品の特性を的確に把握すること、問題対象が一連性ある取引行為である場合には、その取引特性を的確に把握することが、すべての出発点となる。個別の金融商品たとえば個別株式の購入勧誘であれば、当該株式の商品特性、すなわち、その商品概要と内在する投資リスクの内容と程度（質と量ともいえる）を正確に把握することである。一連性ある取引行為にあっては、その一連取引の特徴とそれに内在する投資リスクの内容と程度（質と量）にまで整理分析を及ぼす必要がある。後者の場合、特に大量・頻回な売買取引が行われている事案では、投資リスクだけ

第1章　株式現物（外国株）取引の事例

でなく、投資コストすなわち一連取引に伴う手数料の増大にも注意を払う必要がある。投資リスクと投資コストが、ともに顧客投資家の負担となって、取引損失を招来するからである。

(b)　銘柄情報と分析ソフト「証券天救」

本件事案では、国内株式の一連取引においては、仕手株が多く混在していたことから、それら諸銘柄が仕手株であることの情報収集を経済新聞・証券新聞の記事検索などを通じて行うとともに、顧客勘定元帳の売買取引を「証券天救」（専用ソフト）に入力して、取引分析を出力した。

証券天救では、「取引一覧表」「銘柄別取引期間グラフ」「乗換え一覧表」「売買資金回転率表」「保有期間グラフ」「入出金一覧表」などの分析資料を得ることができる。本件事案では、証券天救による取引分析によって、客観的な売買取引における乗換え売買の具体的な内容と頻度、多くの銘柄について保有期間が短期間であることや売買資金回転率が高いことから頻繁売買（回転売買）の様相を呈していること、売買取引の損益推移と最終結果、入出金の推移と金額を把握することができた。その結果、客観的にみて、国内株式取引においても、外国株取引においても、大量・頻回な売買取引となっていることが判明した。このようにして、一連取引における客観的な取引経過と取引特性を把握したうえで、顧客投資家がどのような勧誘を受けて、どのように対応したかについて、面接して事情聴取した。その際、顧客投資家は記憶が判然としないも多いことから、取引分析の結果をもって種々質問することによって記憶喚起を図ることができた。

(B)　投資家属性の整理分析

(a)　投資属性の重要性

もう一つの出発点が、顧客投資家の投資属性である。適合性原則違反や説明義務違反の民事的違法性の判断枠組みは、要するに、対象商品の商品特性（対象取引の取引特性）と当該投資家の投資属性すなわち投資知識・投資経験・投資意向（目的）との比較対照によって、違反あるいは違法の有無・程

93

第2部 各 論

度を判断するものである。この二つの要素の比較対照が違法判断の要となっている。

(b) 投資属性の構成要素

投資家属性あるいは顧客投資家の投資属性については、次の諸要素が取り上げるべき事項である（これらは基本的な諸要素であり、事案の内容により、取り上げられる事項はこれらに限定されるものではない）。なお、事案の内容により、どの要素に重点を置いて考察するかは異なることに留意する必要がある。

① 年齢や社会属性

② 投資知識

③ 投資経験

④ 投資意向（「投資目的」「投資方針」ともいう）

⑤ 運用期間

⑥ 資産性格

⑦ 資産規模

⑧ リスク許容度

(c) Xの投資属性

本件事案では、Xは高齢の寡婦であり、株式投資の知識・経験に乏しく、自主的で明確な投資意向を持ち合わせていなかった。その資産規模としては約2000万円（の株式）とかなりの金額であり、その資産の性格は保有資産を取り崩して日々の生活費にあてるという状況ではなかったものの、高齢化に伴う不時の入院・治療などに備えるという意味で、老後生活の基盤資産であって、よりよいリターン（利益）を追求するためにあえてリスクをとる（かなりの損失をも甘受する）ことや、あえて高いコストをかけることは避けられるべき性格の資産であった。換言すると、保守的に運用されるべき性格の資産であり資産規模であったといえる。自律的で明確な投資意向を持ち合わせていなかったことと軌を一にすることであるが、保有資産の運用期間についても明確なものを持ち合わせておらず、また、自らの資産がどの程度なら

94

第1章　株式現物（外国株）取引の事例

損失を被ってもかまわないかというリスク許容度については何ら意識するところがなかった。以上の次第から、Ｘは、仕手株のような投資リスクの高い（あるいは投資リスクがより昂進した状態にある）株式銘柄について、そのことを踏まえつつ上手に取り扱うに足りる知識・経験を持っておらず、また、取引分析から判明した大量・頻回な売買取引を自主的判断で遂行するだけの知識・経験も持っていなかった。さらには、まして、国内株式に比べて関連情報の少ない外国株式（米国株や中国株）につき、前同様に大量頻回な売買取引を自主的判断で遂行すること等、Ｘの知識・経験からは不可能なことであった。加えて、その資産規模と資産性格に鑑みて、前記態様での一連取引は、到底、高齢寡婦であるＸに適合しない内実のものであった。

(3) 事情聴取

　本件事案では、前記(b)の特性分析と前記(c)の属性分析を踏まえたうえで、Ｘから、一連取引における外務員ＰとＱとの具体的やりとりに関する事情を聴取した。

　ところで、Ｘの生の記憶は曖昧であった。あるいは瑣事の記憶は鮮明だが、肝心なところは甚だ曖昧だったといってもよい。それは、そもそも、Ｘが株式取引について知識・経験に乏しいところに、一連取引において外務員Ｑの誘導に追従していたにすぎないことから、投資勧誘の問題点についての記憶が正確に残らないという結果であった。それゆえ、具体的やりとりの再現には、前記(2)の取引分析の結果を、適宜に提示して、記憶喚起を図ることが不可欠であった。それでも、具体的な記憶が喚起されない箇所については、取引分析から、合理的に推測し得る事実関係をもって、充塡する必要があった。

　以上の経過を経て、一連取引におけるＸと外務員ＰとＱとの具体的やりとりの事実関係が、一応、確定されるに至った。

95

第2部　各　論

4　訴訟提起段階

⑴　違法行為（請求原因）の特定

⒜　適合性原則違反と説明義務違反

前記したとおりの投資属性を持つ X に対して、仕手株という投機性が昂進した状態にある個別株式を推奨販売することや、X を誘導して次々と頻繁に売買取引を繰り返させることは、適合性原則に違反する。とりわけ、後者の誘導売買が過度であった場合には、過当取引として違法でもある。また、外国株取引では、対象銘柄が外国企業であることから、投資情報（会社概要、会社業績、株価推移など）がたとえ広く公開されているとしても、もっぱら英語情報であって、X には入手・読解することが困難であるため、国内株式に比較して購入の是非すなわち投資判断が難しく、担当職員による丁寧で十分な説明がない限り的確な投資判断ができかねる。現にそうだからこそ、勢い、担当職員による誘導売買に従うこととなっていた。この点には、外国株取引の基本的特性に関する説明義務違反と個別銘柄の販売勧誘における具体的銘柄の内容に関する説明義務違反が認められた。

⒝　過当取引（違法）の付加

よって、前半の仕手株の推奨販売における適合性原則違反を主張し、後半の外国株取引においては説明義務違反を主張し、前半と後半を通じて国内株取引と外国株取引の誘導売買について、事実上の一任売買および過当取引の違法を主張した。

過当取引の違法の第 1 要件は、顧客投資家の知識・経験・投資意向等に照らして取引頻度等が過度であることである。よって、過当取引の違法は、適合性原則違反の諸類型の中の一つということができる（過当取引の要件については後記5⑶および第 2 章参照）。

⒞　一連一体性

そのうえで、前記⒝指摘の複数の違法行為が、一つの取引口座において、

96

第1章　株式現物（外国株）取引の事例

反復継続して（換言すると一連性をもって）遂行されたことから、それら一連の勧誘行為・業務行為が全体として民法709条の不法行為に該当するとの法律構成をとった。主に商品先物取引訴訟によって形成されてきた、いわゆる一連一体の不法行為論である。

(2)　損害論

損害論としては二つの立論が考えられた。

第1は、不法行為の始期における取引口座の金銭価値（「口座価値」ともいう）と不法行為の終期における口座価値の差額に、不法行為期間中の金銭出入りを加減して算出する方法である（いわば「口座価値下落説」あるいは「口座金銭出入り差額説」）。これは、金銭出入りが簡明である場合には、不法行為期間中に顧客投資家が証券会社に対して支払った金額と同期間中に原告が被告から返還を受けた金額との差額ということもできる。

第2は、取引類型ごと、すなわち国内株取引における個別売買の損益を通算した損失金額と外国株取引における個別売買の損益を通算した損失金額を合算して算出する方法である（いわば「売買損益通算説」）。

5　弁論・弁論準備段階

(1)　仕手株性（投機性昂進）の立証

一連取引の前半部分の一部を占める仕手株については、仕手筋の介入はいわば隠密裏に行われることであり、仕手株との公的指定があるわけでもないので、その立証は簡単ではない。しかし、経済新聞とりわけ株式市場の情報提供に特化した証券新聞にはその旨の情報が掲載されている。本件では、それら経済新聞・証券新聞の掲載情報を収集して書証化した。

なお、仕手株化した銘柄につき、その徴候が売買出来高の不自然な増加や株価の不自然な乱高下であるが、それら不自然な徴候が見られるときには、証券取引所が一般投資家向けに注意喚起を図っている。その注意喚起の制度として（信用取引における）「日々公表（銘柄）」や「委託保証金率の引上げ措

97

第2部　各　論

置」などが証券取引所において設けられている。「日々公表銘柄」に指定されているかどうかも重要な証拠である。

(2)　外国株の情報入手難の立証

一連取引の後半部分である外国株取引にあっては、国内株式に比べて関連情報の少ない外国株式（米国株や中国株）につき、大量・頻回な売買取引を自主的判断で遂行すること等、Xの知識・経験からは不可能なことであった。にもかかわらず、担当職員から十分な説明を受けることのないまま誘導売買に従っていたのであるが、この点は、主として人証調べで立証することとなる。

(3)　過当取引の要件と立証──証券天救とエクセルグラフの併用

過当取引の違法については、その認定要件として、二つの要件、すなわち第1要件として「取引の過度性」、第2要件として「取引の主導性」がある。なお、第3要件として「取引の悪意性」もある、とされる場合があるが、第1要件と第2要件が満たされるなら、第3要件＝取引の悪意性は比較的容易に推定され得るところである。ただし、大幅な過失相殺を避けるには、取引の悪意性を立証することが有意義であるといえる（より詳しくは、第2章参照）。

「取引の過度性」とは、顧客投資家の投資属性に照らして、一連性ある売買取引の数量・頻度などが過度にすぎることであるから、まず、一連性ある売買取引につき客観的な数量・頻度などを明確に数量化することが必要となる。その点につき、本件事件では、証券天救（専用ソフト）を活用し、「取引一覧表」「銘柄別取引期間グラフ」「乗換え一覧表」「売買資金回転率表」「保有期間グラフ」「入出金一覧表」などの諸表・諸グラフを作成し、書証化した。なお、必要に応じ、それらをエクセル表・グラフに置き換えてもみた。それらによって、客観的な売買取引における乗換え売買の具体的な内容と頻度、多くの銘柄について保有期間が短期間であることや資金回転率が高いことから頻繁売買（回転売買）の様相を呈していること、売買取引の損益推移

第1章　株式現物（外国株）取引の事例

と最終結果、入出金の推移と金額を立証した。その結果、客観的にみて、国内株式取引および外国株取引において大量・頻回な売買取引となっていることを立証し得た。

「取引の主導性」とは、一連性ある売買取引の主導権が顧客投資家にあるのか担当職員にあるのかということであり、実質的な投資判断をどちらが行っているか、ともいえる。この点の立証については、主として人証調べで立証することとなるが、客観的にみて、そもそも一般投資家が自主的判断で遂行し得る売買取引であることに疑問が持たれるほどに大量・頻回なものであるなら、それは担当職員が誘導したのではないかとの強い推測が働く。換言すれば、実質的に立証責任が転換されるので、この「取引の主導性」の立証（間接事実）としても、「取引の過度性」を明確にすることが重要である。

6　人証調べ段階

(1)　外務員尋問

人証調べでは、外務員ＱとＸの主尋問・反対尋問が行われた。外務員Ｑの反対尋問では、仕手株についてはその旨を認識していたことを問い質したが、その際には、書証化されている経済新聞などを提示しながら、証券外務員である以上、仕手株情報を見知っていること、それゆえに利益を得られると考えてＸに推奨したものであったことを質問して、その点を立証し得た。仕手株は投資リスクが著しく昂進した状態にあるのであるから、仕手株性を立証できた以上、それが一般投資家であるＸにふさわしくないことはおのずと明らかであるといえる。外国株については、法令諸規則で交付が義務付けられていた「外国証券内容説明書」（現在では「外国証券情報」と呼ばれる）を事後に郵送していただけであることを明らかにし得た。また、一連性ある売買取引において、銘柄選択・売買数量・売買金額は、常に外務員Ｑが提案していたこと、Ｘは、基本的には外務員Ｑの誘導に従っていたことをも明らかにし得た。

99

第2部　各　論

(2) X本人尋問

　次に、Xの主尋問においては、Xの投資知識・経験と資金の性格を明らかにした。投資意向については、実際のところ、Xは、自主的で具体的な投資意向なるものは持ち合わせていないことが明らかになるとともに、それゆえに、Y証券会社と外務員Qを証券専門家として信頼して、その誘導に従っていたことを明らかにし得た。反対尋問を受けても、その基本線は（当然ながら）揺らぐことはなかった。その結果、仕手株取引や外国株取引および大量頻回な売買取引を、Xが自主的な投資判断を持って遂行し得るはずがないこと、したがって、前記(1)と相まって、一連性ある売買取引について外務員Qが主導権をとって遂行したことが明確となった。

7　最終弁論と判決内容

(1)　最終弁論（総括書面）

　最終弁論においては、以上の審理結果（書証と人証）を総括して、仕手株取引の適合性原則違反、外国株取引の説明義務違反、一連性ある売買取引における過当取引の違法が認定されることを論証した。

(2)　判決内容

　それに対して、一部認容の判決を得た。その内容は、適合性原則違反に関しては、最高裁平成17年7月14日判決に基づきつつ、本件事案の一連性ある売買取引を「過大な危険を伴う取引」と認定するも、「明らかに」過大とまではいえないとして、同原則違反までは認めなかった。しかし、原告主張である過当取引の違法につき、事実上の一任売買を認定したうえ、そこでの「過大な危険を伴う取引」は社会的相当性を欠くと判示し、違法な一任売買と認めた。また、仕手株を含む国内株式取引・外国株式取引について、説明義務違反を認めた。いま少し紹介すれば、次のとおりである。

(A)　違法論

(a)　一任売買の違法性

第1章　株式現物（外国株）取引の事例

外務員が顧客投資家から一任された状態で行った取引が、顧客の適合性に著しく反する取引であって、社会的相当性を欠くと認められる場合には、当該取引に係る担当者の行為は不法行為法上の違法性を有するとの法理を定立した。

その法理の具体的適用につき、本件取引の勧誘はそれ自体が原告にとって過大な危険を伴うものであったこと、取引開始後の取引態様が比較的短期間に購入と売却が繰り返されていること、取引量も少なくないことをあげて、そのような態様で取引を行うには、短期間のうちに各取引のリスクについて的確な判断を行うことが必要となるから、高い適合性が求められるとした。次いで、原告にはそのような判断を行う能力を有していなかったと認定した。そして、本件取引は原告の理解力・判断能力を著しく超えた内容の過大な危険を伴う取引であって、社会的相当性を欠くものと認められるとし、よって、違法な一任売買に該当すると判示した。

(b)　**仕手株取引に係る説明義務（違反）**

取引対象となった国内株式は価格変動が大きくリスクの高いものであったと認定したうえで、外務員は原告に対してこれらの株式の取引を勧誘するに際しては、価格変動が大きくリスクの高い株式であることを説明する義務があったとした。また、乗換売買の態様であったことに関して、他の株式への買換えにあたっては、従来保有していた株式とは、価格変動の程度や要因等の点で異なるリスクが発生するのであるから、その点についての十分な説明が必要となるともした。そのうえで、外務員がＸに対して、価格変動の幅やそれに伴うリスクあるいは株式の買換えに伴って発生するリスクについて十分な説明を行わなかったと判示した。

(c)　**外国株取引の説明義務（違反）**

外国株取引は、一般に、国内株式と比較して為替リスクがあるなど価格変動の要因が複雑であり、また、当該株式に関する情報を入手することも困難であるから、外務員が一般投資家に外国株式の購入を勧誘する場合には、購

101

第2部 各 論

入しようとする株式のリスクの程度および主な価格変動の要因について説明する義務を負うとした。

そして、外務員QはXに対して外国株式を勧誘する際、外国証券内容説明書（現在の外国証券情報）を事前に原告に交付せず、また、勧誘する株式の価格の動向についても具体的な説明をしなかったと判示した。

(d) 取引の過度性（補論的に）

本件取引においては、Xの理解力等に照らして、大量・頻繁な取引が行われていることを考慮すれば、外務員による勧誘行為は、取引量や取引回数の点でも、一任売買あるいは説明義務違反により違法であるということができるとも判示した。

(B) 損害論

Xが本件取引によって直接被った損害の金額（取引差損）は、本件取引期間中にXがY証券会社に対して支払った金額と、同期間中にXがY証券会社から返還を受けた金額との差額であるとした。「口座価値下落説」あるいは「口座金銭出入り差額説」を採ったといえる。

8 和 解

この判決に対して、Y証券会社が控訴した。控訴審では和解が勧告され、第1審の認容金額をもとにして、和解成立に至った。

（三木　俊博）

〈参考裁判例〉
・東京地裁平成15年5月14日判決（金判1174号18頁）
・大阪地裁平成18年4月26日判決（判時1947号122頁、判タ1220号217頁、セレクト27巻184頁）
・大阪地裁平成19年7月30日判決（セレクト30巻57頁）
・大阪地裁平成26年2月18日判決（セレクト47巻63頁）
・広島高裁岡山支部平成27年7月16日判決（セレクト49巻416頁。原審は岡山地裁倉敷支部平成27年1月27日判決・セレクト49巻283頁）

第2章　株式信用取引の事例

1　事例の概要

(1)　本件顧客の属性

Ｘは、50歳代の男性で、大学卒業後、3社ほどの会社勤務を経て独立し、輸入仲介等の業務について自営業を営んでいた。その金融資産は1億円～2億円程度である。

(2)　本件顧客の投資経験

Ｘは、本件で問題とされた信用取引を中心とする過当取引の十数年前から証券取引を開始し、本件取引を行った証券会社を含めて全部で8社と取引を行っていた。本件取引以前の取引は現物取引がほとんどであったが、本件取引の約1カ月前から他社で信用取引を開始し、本件取引でも信用取引を中心とする株式取引を行った。

(3)　本件取引の概要

本件取引が行われた時期は、IT バブル期で、日経平均株価指数は、年始に1万3000円であったものが、年末には1万9000円となり、年明けの1月～2月には2万円を超えるに至っていた。Ｘは、その年の8月に、証券会社Ｙ社との間で、信用取引の口座を開設した。

(4)　本件顧客の投資姿勢

Ｘは、証券会社外務員Ｐに対し、「絶対に儲けさせてほしい」「もっと利益をとりたい」旨の申入れを繰り返す等、利益獲得志向が強く、少なくとも週2回～3回は支店を訪問し、数時間滞在し、クイックという株価情報検索端末で他社取引分も含めて情報収集し、持参したノートに株価等を書きつけ、夕方には、保有銘柄の終値等を記載したジャーナル（日報）をファクシミリで送信させていた。注文は大半が店頭だが、電話での注文もあった。Ｘは

103

第 2 部　各　論

暗算が得意で、1000円単位で報告を求めていた。

(5)　本件取引の過度・過大性

Ｘは、８月の取引開始後、信用取引を中心とする頻繁売買を行い、その年の11月には、月末投資総額は１億円を超え、翌年２月には２億8000万円を超える取引を行った。

本件取引を開始した後、成績は好調で、１月の大発会では、担当外務員Ｐを褒めていた。

(6)　本件取引の破綻

Ｘは、信用取引を開始した翌年３月４日から欧州に出張し、10日過ぎに帰国したが、その間に、IT バブルの崩壊で株価が大きく下落し、大きな損害を被った。

ＸのＹ証券会社との間の本件取引は、７カ月間に、四十数銘柄につき、400回以上（現物取引120回、信用取引300回以上）の多数短期頻繁売買であった。

2　受任相談、事案調査段階

受任相談の時点で、Ｘはすでに本人訴訟で訴訟を提起し、敗訴していた。１審では本人自身が努力してかなりの主張立証を行っていたものの、そうはいっても裁判の素人であったことから、不利な証拠もＹ証券会社側にがっちりと固められていた。

受任相談段階で、Ｘは自身ですでに控訴申立てをしていたが、経済的理由から、受任後の司法救助申立てや法律扶助申立てが必要な案件であり、直ちに、その手続にとりかかった。

3　訴訟提起段階

(1)　過当取引の意義

過当取引とは、証券会社が証券取引について支配を及ぼし、顧客の信頼を

濫用し、自己の利益を図ることを目的として、当該口座の性格、金額・回数に照らし、過度な取引を行わせることをいう。過当取引は、米国での判例法理に基づくものであるが、大阪地裁平成9年8月29日判決（判時1646号113頁）が過当取引の違法を認めて以来、現在では数十件の裁判例がある。過当取引の違法を認める裁判例にも、適合性原則違反・説明義務違反を認める裁判例と、以下の過当取引の3要件を検討したうえ過当取引として違法（誠実公正義務違反、善管注意義務違反）を認める裁判例がある。

　本件では、Xの属性が50歳代の自営業者であり、ベテラン投資家であることから、適合性原則違反（量的適合性違反）よりも、過当取引の3要件を主張立証することによって、証券会社の悪質性をえぐり出すことに力を入れた。そのほうが、事案の実質に沿うと考えたからである。

(2)　過当取引の要件

(A)　過当取引の根拠

　過当取引が違法（不法行為）とされる根拠は、信認義務違反、誠実公正義務違反、善管注意義務違反、適合性原則違反等に求める例が多い。違法な過当取引として認められるためには、①過度性の要件、②口座支配性の要件、③悪意・故意性の要件を満たす必要がある。

(B)　過度性

　過当取引の違法性が認められる第1の要件（過度性の要件）については、「当該口座の性格に照らし」過度であることであるが、従前の口座がどのようなものであったか、本件取引が従前取引に比してどれだけ過度なものであるかを主張立証する必要がある。

　従前口座の投資意向がどのようなものであったかを確認するには、投資意向について記された顧客カードが必要になる。また、従前取引がどのような取引であったかを分析し、本件取引と比較対照する必要がある。

　従前取引と本件取引とを比較するには、まずそれぞれの取引についての取引一覧表を作り、次いで、それぞれの取引の売買回転率を算出する。

第2部　各　論

　売買回転率とは、一定期間（通常1年）の買付総額を、平均投資額（通常、月末の投資残高の平均をもって平均投資額とする例が多い）で除して算出するものである。この売買回転率と取引の過度性について、米国では、「2―4―6ルール」という指標が提唱されている（Goldberg）。すなわち、売買回転率2回の場合は過当取引が疑われ、4回以上の場合は過当取引が推定され、6回以上の場合は過当取引が確定的であるとするものである。ただ、過度性は従前口座との比較のうえの概念であるので、6回あれば直ちに過当取引とされるわけではないものの、売買回転率6回というのは、一つの重要な目安になると考えられる（今川嘉文『過当取引の民事責任』248頁）。

　取引一覧表、売買回転率等の算出は、エクセル等でも可能であるが、「証券天救」という専用ソフトが極めて有用である。

　過度性の要件を立証するには、その他、取引の頻繁性、すなわち売買回数、銘柄数、保有期間の短さや、手数料の金額・割合が問題とされる。手数料に関する指標には、手数料を平均投資額で除する「手数料率」、損害のうち手数料がどの位の割合を占めるかを判断する「手数料化率」等がある。

　平均投資額と手数料との比率を問題にする「手数料率」について、それが仮に30％だとした場合、投資した銘柄が平均30％以上、上昇しなければ利益を出すことができないことを意味し、さらに税負担を加味するならば、損益分岐点がさらに高くなるが、当時の経済情勢からそのような高騰を期待することが非現実的であって、手数料率を適正な範囲に収めることは顧客の利益を考えれば当然考慮しなければならない、とした高裁判例がある（大阪高裁平成16年10月15日判決・セレクト25巻137頁）。

　また、損失における手数料の占める割合を問題にする「手数料化率」は、損失において、手数料が占める割合の大きさ（手数料が損失に転化される）を示すもので、商品先物取引の判例でもしばしば考慮要素として採用されている。

106

第 2 章　株式信用取引の事例

(C)　口座支配性

　口座支配性（取引主導性ともいう。以下同じ）は、証券ブローカーに高度の信認義務を負わせる根拠となるものである。

　いわゆる一任勘定の場合に口座支配が認められるのは当然であるが、ここでいう口座支配は事実上のもので足りる（実質的一任）。顧客が証券会社の投資助言に依存し実質的にブローカーが投資判断を行っていた場合には、事実上の口座支配が認められる。

　立証方法としては、顧客に対する証券会社の投資助言についての説明がどのようになされていたのか等の事実が考慮されるとされている。

　過当取引が違法とされるのは、顧客に対する証券会社の受託者としての「信認義務」（誠実公正義務、忠実義務、善管注意義務）に求められる。証券会社が単なる執行機関にすぎない場合は、証券会社の受託者としての義務は顧客の指示を正確に執行することにとどまるが、証券会社が顧客に投資に関する助言・推奨を与え、顧客もこのような助言・推奨に従って売買を出すという関係が構築され、実質的に証券会社が顧客の口座を支配している場合には、証券会社は受託者として顧客の利益を最大限に図るという高度の信認義務を負う。

　ここでいう「口座支配」とは、事実上のもので足り、顧客が証券会社の投資助言に依存して実質的に証券会社が投資判断を行っているといえる場合には事実上の口座支配が認められる。証券会社が継続的関係等に基づく顧客の信頼ないし依存を基礎として、売買の銘柄、単価、数量および売買の時期等に関して推奨ないし助言指導を行って投資選択および投資判断を主導（リード）し、あるいは投資内容の決定に対して重要な影響（コントロール）を及ぼし、かかる証券会社の主導ないし影響下で、顧客が形式的な応諾（了承）をしているにとどまる場合には「実質的な一任」であったと評価できる。口座支配における「支配」は「コントロール」の意味であり、「支配」の訳語では誤解を与える可能性があるとして、「口座支配」性に代えて「取引主導」

107

第2部　各　論

性をあてる例もある。商品先物取引でいう「実質的一任」と同義である。

(D)　悪意性

典型的には、証券会社ないし外務員が手数料稼ぎ目的で取引を行った場合に悪意性が認められる。証券会社が営業部員にノルマを課していた事実がある場合や各支店について手数料稼得について競争させていた事実がある場合には手数料稼ぎ目的の有力な証拠になるとされている（小島秀樹「日米における証券過当売買の相違」商事1289号6頁）。

ただし、過当取引における「悪意性」は、過度性および口座支配性の要件を立証すれば推定される。

(3)　控訴理由書、証拠保全申立て

控訴審から受任する場合、まず控訴理由書を作成することから始まるが、本件では、1審が本人訴訟であったため（いかに投資属性の高い投資家でも裁判については素人であるため）、過当取引の主張立証に必須の売買回転率等が算出されておらず、また証拠の提出も十分なものではなかった。

そこで、控訴理由書の作成にあたっては、まず過当取引とはどのようなことであるかの一般論から書き始め、その過当取引において審理されるべき点が何一つ審理されていないこと、過当取引の要件を判断するうえで必要な証拠も提出されていないこと等を中心としたものにとどめ、控訴理由書の提出と同時に証拠保全申立てを行った。証拠保全の対象物は、顧客カード、注文伝票、録音テープ、架電記録票、保証金維持率表等である。

証拠保全は、Xが取引をしていたY社の支店に行ったものの、すでに裁判（1審）が行われていたため、関係書類は全て本店ないし倉庫に移送されているとの理由で、証拠保全は空振りに終わった。そこで、証拠保全が空振りに終わった日に、事務所に戻り、直ちに関係証拠の提出を求める文書提出命令申立てを起案して提出した。

なお、証拠保全は空振りに終わったものの、証拠保全申立て後、証拠保全をめぐる訴訟手続に入ったことにより多少の時間ができたため、顧客勘定元

帳等を基礎資料として、控訴審での第1回期日までに、従前取引（他社分も含む）と本件取引の取引一覧表や売買回転率等を提出することができた。

証券天救（専用ソフト）を使って算出した売買回転率は11回。過当取引の目安である6回をはるかに超える数値であった。これに対し、他社取引の売買回転率はせいぜい2回～3回、4回～5回程度であり、取引数・保有期間も、本件取引とは顕著な差異を見出すことができた。

これらをもとに、控訴理由書では、一般論的な主張に加え、具体的な数値を踏まえた過当取引論の主張立証を行うことができた。

⑷ 信用取引

本件取引の特徴は、過当取引であるが、この過当取引は信用取引について行われたものである。

信用取引とは、投資家が委託証拠金を証券会社に預け、それを担保として、証券会社から資金・株券を借り受けて行う株式売買をいう。

この担保となる委託証拠金には、代用有価証券を含む。

信用取引で建てている建玉総額に対する委託保証金の割合を、「委託証拠金率」という。委託証拠金率はおおむね30％で、委託証拠金の約3倍の建玉を建てることができるため、信用取引は、ともすれば投機色の強い取引になりがちである。したがって、証券会社各社は信用取引の取引開始基準を定めることが求められる。

委託証拠金率が30％を割ると、新規取引をすることができず、20％を切ると、追証金がかかる制度となっている。本件では、外務員は「60％が理想的である」と証言していた。

4 弁論・弁論準備段階

控訴審の第1回期日前に、文書提出命令の申立てを行い、本件でなぜその文書の提出が必要であるかを主張したところ、控訴審裁判所はその採用に積極的であり、第1回期日では、Ｙ証券会社側に対し、提出を求めている文

第2部 各 論

書を任意で早期に提出するよう強く求めてくれた。

　Y証券会社が任意提出した文書類に基づき、過当取引の要件、ことに、口座支配性や悪意性・故意性の主張立証に努めた。たとえば、架電記録（Y証券会社がXに架電した時刻や通話時間等を整理した記録）と注文伝票の受注時間とを対照し、それらがほぼ一致することは、十分な説明時間がないまま注文を入れているということが推測されること等を主張した（後に尋問でも確認）。

　一方、Xにも、手持ちの証拠に過当取引の立証に役立つものがないかどうかを確認した。顧客は、勧誘等のために証券会社から種々の資料を交付されており、それらの資料には証券会社の顧客に対する強い主導性を証明するものがある。本件では、Xの購入した銘柄がY証券会社作成の推奨銘柄の資料表と相当部分において一致していたことから、Y証券会社の強い推奨が推測されると主張した。また、勧誘資料のファクシミリ送信時間が注文伝票よりも遅い時間であったことから、勧誘の際に勧誘資料を送付せず、受注後に後付けで勧誘資料を送信しているのであって、取引の主導性を示すものである等の主張を行った。

5　人証調べ段階

(1)　再度尋問実施の申請

　1審では、本人訴訟のもとで、外務員Pの証人尋問と顧客尋問はすでになされていたが、再度、外務員尋問と本人尋問を申請したところ、直ちに採用された。

(2)　新しい他社取引の判明

　原告本人尋問の直前になって、控訴人が、現在判明している他社取引以外に、本件取引の1カ月ほど前から信用取引を行っていた事実を告白した。

　当初隠していた他社取引が調査嘱託で後に判明した事実や本件取引でも積極的な投資意向等があったと1審で認定されている事実に加え、信用取引を

第2章 株式信用取引の事例

中心とする本件取引とほぼ同時期に他社と信用取引していた事実は、本件取引と同時期に他社でも信用取引を行っていたのは結局顧客本人の意思に基づくものとして、口座支配性について、裁判官に否定的・消極的な心証を与えることは否めないだろうが、事実がそうである以上、隠すわけにはいかない。

そこで、時間的にタイトであったが、同時期に行われていた他社との信用取引について取引一覧表を作成し、売買回転率等の指標を出し、取引傾向（売買回転率、銘柄等）を分析したところ、本件取引との差異を見出すことができた。

尋問前に、取引一覧表や売買回転率等を提出して、尋問に臨んだ。

(3) 取引分析

本件取引の場合、多数の取引があるため、その一つひとつ検討していくことは容易ではなかったが、やってみると、両建取引のごとき取引が散見された。現物株式を持っている場合において価格下落が見込まれる場面等で行われるつなぎ売りではなく、信用取引同士の買いと売りとか、それに現物取引を含めたものがあった。

つなぎ売りは取引手法として存在するが、信用取引の買いと売りの両建は聞いたことがなかった。そこで、その趣旨を聞くと、外務員Pは、このような取引は「くくり」と呼び、Y証券会社ではしばしば行われるとし、その趣旨についてもっともらしいことを言う。しかし、よく聞けば、商品先物取引でいう両建との違いを見出すことはできなかった。こちらが疑問点をぶつけ、外務員が答える、しかしなお疑問が残るので、その疑問をぶつける。弁護士が問い、外務員が答える、そういうことを、何度か繰り返すうちに、かかる取引が商品先物取引にいう両建にほかならないことが、裁判官にも、ハッキリわかったようである。

また、X手持ちの勧誘資料の日時から、委託証拠金率が30％を割ってからも勧誘資料が送信されている点について納得できる説明ができないこと、Xが海外旅行中に証券取引が行われているところ、外務員Pはその事実を

111

第2部 各 論

Xに連絡したというが、連絡した先の国がどこで、何というホテルであったかも言えない等の事実が、証人尋問からはっきりした。

過当取引の事案にあっては、投資家の側に、利益獲得志向が強いことを理由に口座支配性を否定される例もあるが、それ以上に、外務員の勧誘が強く、取引が外務員によって主導されていることを明らかにすることが重要である。

6 最終弁論段階

最終準備書面では、過当取引の違法性、ことにそれを基礎付ける事実を中心に、証拠弁論した。

加えて、最高裁平成17年7月14日判決の才口判事による補足意見が「被上告人のような経験を積んだ投資家であっても、オプションの売りを適切にコントロールすることは困難であるから、顧客の取引内容が極端にオプションの売りに偏りリスクコントロールすることができなるおそれが認められる場合には、これを改善是正させるための積極的な指導助言義務を行う等の信義則上の義務を負う」としたことにヒントを得て、本件では、委託証拠金維持率が低下した後も勧誘を続けていた事実は、明らかにXの損失の拡大するおそれもあるもので、指導助言義務に違反する旨を主張した。

7 判 決

本件について、裁判所は、①本件取引が頻繁かつ大量の取引となったのは、Xの利益獲得志向、本件取引開始時がITバブル期であったこともその一因であると考えられるとしつつ、その取引内容や数量等に照らし、Xの投資経験等を考慮しても、情報処理に基づく自主的かつ的確な投資判断ができる限界を超えているとした。②すなわち、上記のような知識経験を有するXであっても、情報処理や投資判断については信用取引のプロといえる担当者に比ぶべくもなく、しかも委託証拠金維持率が30％を割っても、担当者の証言に反して、取引は何ら縮小されることなく、むしろ拡大し、それに伴って

112

損失も拡大している事実を指摘したうえで、かかる取引は担当者の主導によるもので、取引拡大の必要性もないとした。③そして、Xの利益獲得の志向や証券取引の知識経験の豊富さを考慮しても、特定売買の手法を含む大量かつ頻繁な取引は、担当者の指示や助言なしに投資判断することは極めて困難であるとした。④最後に結論として、担当者の主導により、大量かつ頻繁になされ、その結果、巨額の損失を招いた本件取引は、個別取引に形式的違法性がなくとも実質的には善管注意義務に反し、手数料獲得を目的とした行為であり、全体として違法な過当取引に該当するとし、⑤加えて、委託証拠金維持率が30％を割った以降の担当者の対応は、明らかにXの損失を拡大するおそれのあるものであり、証券会社の担当者の指導助言義務に反するとして、控訴審での顧客側逆転勝訴を認めた。

8　最後に

本件のモデルとなった事案では、相当程度大きな過失相殺がなされているが、1審が本人訴訟であったことや顧客の属性、知識・経験、本件での取引経過等に照らして、相当度、不利益な状況での受任であり、まずは負けないことが重要であった。

被害者にも欲・無知・軽率さがあるにせよ、それらを助長し、利用し、乗じた証券会社の悪質さを、法廷でえぐり出すことができたことが、勝訴できた理由である。

（内橋　一郎）

〈参考裁判例〉
・大阪地裁平成9年8月29日判決（判時1646号113頁）
・福岡地裁平成11年3月29日判決（判タ1026号227頁）
・東京高裁平成13年11月29日判決（判タ1089号191頁）
・大阪高裁平成20年8月27日判決（判時2051号61頁）

第2部　各　論

第3章　投資信託の事例①

1　事例の概要

(1)　事実関係

　X（女性）は、平成6年頃（60歳代後半）から認知症の症状が現れ、平成15年12月には要支援の認定を受け、その後、平成18年6月頃までに要介護1、平成19年7月の本件勧誘当時には要介護2の状態で、認知症がかなり進み、訪問・通所介護サービス等を受けていた。

　Xの資産は、2歳上の実兄Aが事実上管理しており、平成13年に預金先のY銀行から投資信託の取引を勧誘されて以来、実兄Aの主導で、実兄Aとほぼ同時期に同じ商品を購入していた。そしてXは、平成19年7月、同行のP行員から実兄Aと共に勧誘を受けて、すでに同行で購入していた投資信託を売却して、投資信託グローバルREITオープン（本件投資信託）を6000万円で購入したが、リーマンショックの影響で同商品の基準価額が下落し、購入金額の約6割の損害が発生した。

(2)　商品の内容

　本件投資信託は、世界各国のREIT（リート：不動産投資信託証券）を主な投資対象として　投資者が支出した申込金を運用し、その収益を分配金として、原則として毎月、投資者に還元することを内容とする商品で、価格変動リスク、市場リスク、為替変動リスクおよび信用リスク等があり、Y銀行におけるリスク区分は、5段階で上から2番目の区分4である。

2　受任相談段階

　当初は、実兄Aが、平成19年11月末頃に、サブプライムローン問題の影響により株価に異変が生じているとの情報を得てY銀行に相談したが、「様

114

第3章　投資信託の事例①

子をみましょう」と応対されただけで放置された。ところが、平成20年以降、本件投資信託の時価が急落してゆき、同年10月のリーマンショック以降は暴落したことから大きな不満を持ち続け、平成21年末頃に、どうしても納得できず、自分が購入した分について相談してきたことが本件の発端である。

　本件では、初回面談の約束時に電話で概略の内容を聞き、面談時にAが保有している本件投資信託に関する資料やY銀行から入手したものを全て持参するように指示したうえで、インターネット等で、本件投資信託の内容等をあらかじめ確認した。また、面談にあたっては、過去に受任した事件で、投資信託の勧誘の違法性に関する判例を整理したことがあったことから、それも確認したうえで面談に臨んだ。

　そして、相談を受けた後、さらに、過去に受任した事件で作成した適合性原則や説明義務等に関する論稿、本件投資信託の内容、新たな判例等を詳細に調査し、実兄Aについては、高齢であるが理解能力等はしっかりしており、本件投資信託も、ノックイン等の複雑な条件は付されていない通常の投資信託であることから、担当弁護士としては、適合性原則違反・説明義務違反とも成立はやや困難という意見を述べた。

　しかし、消滅時効成立の問題を伝えていたことから、上記異変を感じてからほぼ3年を経過する直前の時点で、実兄AがXの分も含めて立件を希望してきたので、平成22年11月上旬に、Xの自宅に赴いてXとも面談したところ、表面的な挨拶程度のやりとり以外の会話は成立せず、その時点ではとても金融商品を理解する能力はなかったため、この面では適合性原則違反が成立する可能性もあると考えた。そこで、実兄Aと協議のうえ、両名につき立件することとし、とりあえず消滅時効を伸長するための催告書を発送し、6カ月以内に、Xについて成年後見開始の審判を得たうえで、本訴を提起する方針を立てた。

　Xから本件投資信託取引についての事情を聞くことは到底できなかったので、結果的に、Xに会ったのはこの時だけであった。

115

第2部　各　論

3　事案調査段階

(1)　情報収集・資料入手

(A)　任意収集

　平成22年11月、Y銀行に対し、消滅時効の成立を回避するための催告書を発送した際、Xおよび実兄Aの両名が取引した投資信託についてY銀行に差し入れた全ての書類の送付を求めたところ、同行に代理人弁護士が就任し、投資信託設定注文書（具体的な投資信託の購入時に注文の内容を記載する書類）、重要事項お客さま確認書（リスク等の説明内容を理解した旨の書類）、投資信託解約・買取注文書（乗り換える投資信託の解約や売却のための注文書）、投資信託乗換え勧誘取引確認書（乗換えの前と後の投資信託の内容と乗換えの理由につき、相当詳しい者でないと書けないような詳細な内容の記載がされていた）を送付してきた。

(B)　起訴前証拠保全

　Xについて成年後見の申立て中ということもあり、証拠保全の申立てはしなかった。

(2)　整理・分析

(A)　取引分析あるいは商品（特性）分析

　Xおよび実兄Aは、本件投資信託を含め、Y銀行から各15本程度の投資信託の乗換え購入を繰り返していたが、実兄AがY銀行担当者からその推移表を入手していたので、これに基づいて取引の経緯を分析した。購入した投資信託の内容については、インターネットで検索して分析した。

　銀行での取引の対象商品は投資信託だけだったので、上記推移表を、エクセルで時系列順に打ち込み、一覧でわかりやすい表にした結果、乗換えが多数を占めていることが明らかになった。また、いったん売却したものを比較的近い時期に再度買い直しているものもみられた。投資信託の内容としては、投資対象、分類、リスク区分、手数料の率等を整理した結果、短期売買で乗

116

第3章　投資信託の事例①

り換えることにより多額の手数料が収受されていること、リスク区分は4を中心とすること等がわかった。

(B)　投資家属性の分析

催告書送付後、Xの成年後見申立ての準備に入り、主治医の診断書により、意思疎通が不可能で認知症が相当重篤であること、Xの資産は自宅不動産があるほか金融資産としては本件投資信託が3分の2程度を占めること等を確認した。

Xについて、平成23年2月に後見開始の審判が出された。

4　訴訟提起段階

(1)　違法行為（請求原因）の特定

その後、平成23年4月に、Y銀行を被告とする民事訴訟を提起した。

請求原因は、Xおよび実兄Aの両名について、適合性原則違反と説明義務違反とし、適合性原則違反の内容として、基本的に最高裁平成17年7月14日判決の枠組みに沿った主張を行い、Xについては、重度の認知症の者で、そもそも取引を勧誘してはならない顧客であることを強調したほか、投資信託の乗換えに合理的理由はなく手数料稼ぎであることをも主張した。

上記最高裁判決は、「一般的抽象的なリスクのみでなく具体的な商品特性」を踏まえて、「これとの相関関係において」顧客の投資経験や投資意向等の「諸要素を総合的に考慮」したうえで、顧客の適合性を判断すべきものと判示している。そこで、原告側としては、当該商品の具体的な商品特性（商品の内容、実質に踏み込んだリスク等）と顧客側の諸要素（顧客の属性、投資意向等）を意識して論述することになる。

説明義務違反は、主に実兄Aに対する勧誘についての主張として展開したが、特段リスクの説明もなく、分配金がよく安全な商品として勧誘され、基準価格が6割〜7割も暴落するリスクの説明がなかったこと、Y銀行の担当者は、無意味な投資信託の乗換え売買をさせ、手数料稼ぎをしていたこ

117

第2部　各　論

と等を主張した。

商品性については、リスク区分 4 であり、外国の不動産に投資するので、不動産の賃料収入価値に依存し、為替の影響も受け、6 割～ 7 割も元本が下落するハイリスク商品であること等を主張した。

(2)　適合性・説明義務を、誰を基準に判断すべきか

本件の勧誘は、いつも X と実兄 A が一緒に受けていたので、X の適合性や説明義務も、実兄 A について判断すれば足りるという主張がされる可能性があった。この点について検討した結果、適合性原則や説明義務の趣旨からして、投資判断主体であり効果帰属主体である X の理解や投資判断能力を補完できるかどうかが重要なので、その判断は X を基準とすべきと考えた。

なお、代理人届制度がある場合にこれを利用した場合は、代理人を基準とするという考えがあり得るかもしれないが、本件はそのような事実はなく、実兄 A は単なる同席者にすぎなかった。

(3)　損害論

X と実兄 A の両名とも、本件投資信託を保有したまま提訴したので、提訴時の時価評価額により元本欠損の実損額を算定し、これに 1 割の弁護士費用相当額を加算して損害額とした。

5　弁論・弁論準備段階

弁論・弁論準備段階では、11回程度の期日を要した。

(1)　相手方代理人の対応

Y 銀行の代理人が、異様に戦闘的に応訴し、X の他行における投資信託取引歴について執拗に調査嘱託申立てを重ね、準備書面では、原告らを罵倒するに近いような主張をし、さらには、X が認知症だと主張しながら、後見開始の審判が出る以前に X の代理人として Y 銀行に催告書を出して資料を入手したのは無権代理人として個人情報を取得したものだとして、弁護士

118

会に懲戒請求までしてきた。

(2) カルテ・介護記録の収集

このようなY銀行側の主張に対して、同じ土俵に乗らないように冷静を旨として、そのつど丹念に反論するとともに、Xに適合性のないことを立証するために、提訴前に詳細に調査しきれなかったXの介護記録や通院先医院のカルテ等を裁判外で収集した。

現在、個人情報保護法25条で自らの情報の開示請求が認められ、厚生労働省から「医療・介護関係事業者における個人情報の適切な取扱いのためのガイドライン」も出ているので、医院や介護業者にあるカルテや記録は、代理人弁護士から書面で請求すれば、おおむね入手することができる。

介護記録は、訪問介護や通所介護を行った日の報告の記録が実兄Aのもとに残っており、Xが、いつ、どこで、何をしたかがかなり詳細にわかった。カルテは、実兄Aに事前に声をかけてもらったうえで、書面と電話で、目的を明示して依頼すると、任意で提出を受けることができた。

(3) 接触履歴等の提出要求

また、適合性原則違反や説明義務違反の立証のために、取引期間中のXらとY銀行担当者とのやりとりを記載した接触履歴およびその間の電話録音記録について、Y銀行に任意提出を求めたが、提出しないので、文書提出命令の申立てをした。その結果、電話録音記録については、銀行では顧客との会話を録音していないとのことで取り下げたが、接触履歴については、裁判所の説得もあり、平成18年以降の担当Q行員とP行員の分について、Y銀行から任意提出された。その内容は、X・実兄Aと面談した際にXにも商品の内容を十分に説明し、Xからもきちんとした反応があってまともな会話がなされているようになっていた。しかし、上記の介護記録では通所介護で施設に1日中滞在している日に、XがY銀行に訪れて説明を聞いたとされる等、明らかに虚偽と思われる内容がいくつか含まれていた。

第2部　各　論

⑷　実兄 A の健康状態の悪化

そうしているうちに、平成24年5月頃、当時85歳であった実兄 A の健康状態が急激に悪化したので、いまだ弁論準備手続の途上であったが、保全的な意味を込めて、実兄 A の原告本人尋問を申請した。しかし、裁判所は積極姿勢であったものの、Y 銀行が通例に反するとして強く反対したので、実現には至らなかった。そこで、念のため、その前後から実兄 A の詳細な陳述書の作成準備に入り、同年9月には署名押印を得て完成させた。その後、実兄 A は、常時酸素吸入器で酸素を吸入する状態となり、同年10月には一時入院するようにもなった。そこで、主張立証を急ぎ、同年11月には、実兄 A と、Y 銀行の平成19年時点の担当 P 行員およびその前任の平成18年時点の担当 Q 行員の尋問を申請した。しかし、Q 行員については Y 銀行が反対し、結局、裁判所は、実兄 A と P 行員だけを採用し、Q 行員は保留として、平成25年1月に2名を尋問することを決定した。

6　人証調べ段階

⑴　当日に至るまでの経緯

平成24年12月、実兄 A の健康状態が著しく悪化し、入院した。正月明けに、一時外出許可を得た実兄 A 宅を訪問して面談したが、酸素吸入器を常時利用しないと呼吸困難となる状態であり、医師にも裁判所まで出頭して尋問を受けることは困難と診断されたので、最終的に同人の尋問を断念し、X の状態の立証のため、これに代わるものとして、尋問当日に実兄 A の娘で X の養女となっていた B を証人申請する用意をして尋問当日に臨んだ。

⑵　P 行員の証人尋問

そして、平成25年1月、P 行員の証人尋問が行われた。尋問にあたっては、原告側の供述が得られないため、同証人の弱点をできるだけ引き出すべく、接触履歴と介護記録との矛盾等を徹底的に整理・分析して尋問に臨んだ。実兄 A から聴取したところによると、P 行員は、平成19年7月に X に本件投

資信託の勧誘をした際、X が通っていた通所介護施設の面会スペースで、実兄 A の同席の下で勧誘した。ところが P 行員は、X が認知症であることや介護施設に通っていることの認識がなかったとか、この通所介護施設は X の自宅と思った、面談時に養女 B も同席していたなどと証言した。そこで、通所介護施設のホームページに掲載されていた施設の玄関に「デイサービスセンター」と大きな字で明記したのれんがかかっている写真を提出して弾劾し、また、面談時に養女 B が同席していたことは虚偽であることや、P 行員が接触履歴で X と面談したとする日に X は 1 日通所介護施設内にいたことから、P 行員の証言が不自然で信憑性に乏しいことを浮かび上がらせることができた。また、勧誘に対する X の反応につき、P 行員に具体的な会話内容を執拗に尋問したが、P 行員からは、抽象的な内容ばかりで、具体的な生き生きとした内容は何も出てこなかった。

尋問終了後に、さらに養女 B の尋問を申請したところ、この尋問で X の状態がおかしいことを感じたからか、裁判所はこれを採用する決定をした。

(3) 養女 B の証人尋問

平成25年 2 月に養女 B の尋問が行われることになったが、これに先だって、X の状態を詳細に記載した B の陳述書を作成するとともに、介護記録、B の陳述内容と P・Q 各行員作成の接触履歴との矛盾をまとめた一覧表等を提出した。

そのような中、尋問の 2 日前に実兄 A が死亡してしまった。尋問当日は、午後に葬儀を執り行うことになっていたが、養女 B は、喪服を着て法廷に出頭して事実を述べた。かような状況で気迫があふれ、B は、尋問において、P 行員だけでなく Q 行員の供述や接触履歴記載事実の虚偽性を迫真的に証言することができた。

すると、裁判所が、この証言を踏まえて Q 行員の証言も聞く必要があると言い出し、その尋問期日が指定された。

第2部 各 論

⑷ Q行員の証人尋問

平成25年5月、Q行員の証人尋問が行われた。Q行員も、Xが認知症であることや介護施設に通っていることの認識はない等と証言したが、前記矛盾点の一覧表等により、相当程度証言の信憑性の弱さを追及することができた。

その結果、裁判所は、一度和解期日を入れたうえで、和解が成立しない場合は結審するとして、最終弁論の期日も指定した。

7 和 解

以上の経緯で、平成25年6月に和解期日が設定された。

要介護認定を受けている場合は、市町村の担当部署に本人名で介護認定申請の書類の情報公開請求をすると、ケアマネジャー作成の認定調査票や主治医の意見書等を入手することができる。前者には、認知症の具体的状況や金銭管理ができるかどうか等の詳細が記載されているのであるが、遅まきながらこの段階で実行したところ、平成18年6月時点で、金銭管理は「全介助」で、「認知症があり管理できないため全て家族が行っている」と明記されていたので、これらを書証として追加提出した。

和解当日、Y銀行が、和解には応じられないとの意見を述べたので、裁判所も、それ以上の和解の打診をせず、最終弁論期日を指定した。

8 最終弁論

平成25年7月、最終弁論期日が指定された。

この間、さらに、前記の通所介護施設に文書照会して、「デイサービスセンター」と明記したのれんは、平成15年3月の開業以来、台風でもない限り、夜間でも外したことはない旨の回答を得たので、これを書証として追加提出した。

そして、これらの証拠の全てを引用して、事実関係を詳細に整理するとと

122

もに、担当者であるP・Q各行員の証言の信憑性のなさを強調し、最後に適合性原則違反・説明義務違反の評価を総括した最終準備書面を提出した。

その結果、裁判所は、同日、審理を終結し、判決言渡期日を指定した。

9 判 決

平成25年10月、予定どおり判決が言い渡された。

実兄Aについては及ばず、請求棄却であったが、Xについては、重度の認知症で本件投資信託の各種リスクを理解することができる状態であったとは考え難いことや、接触履歴に対してP・Q各行員が虚偽記載したこと等を認定したうえで、適合性原則違反を認め、説明義務違反の判断をすることなく、過失相殺もとらず、請求をほぼ全額認容した。

10 最後に

本件では、接触履歴や乗換勧誘取引確認書に、P行員やQ行員がXに詳細を説明し、Xがきちんとした反応をしてまともな会話がなされたような記載があり、これだけを見ると形が整っていたが、Xが頻繁に通っていた介護施設の介護記録等との矛盾から、接触履歴の虚偽記載が露呈し、この点が突破口になった。このように、高齢者の案件では、介護施設の記録や要介護認定申請書類が、被告の主張を覆す手段となることがあるので、この種の資料の収集は特に重要だと考える。

(松田 繁三)

〈参考裁判例〉
・大阪地裁平成25年2月15日判決（セレクト44巻244頁）
・大阪地裁平成25年10月21日判決（セレクト46巻12頁）

第2部 各 論

第4章 投資信託の事例②

1 事例の概要

　Xは、脳機能に影響が及ぶ病気に罹患し判断能力が低下したため、73歳の時に成年後見開始の審判を受けた。しかし、その後、病気が治癒したため、開始決定から約3年後、76歳の時に成年後見取消しの審判を受けた。Xは成年後見開始前から証券会社に口座を開設しており、株式、投資信託、外国債券等の取引の経験を有していた。また、成年後見取消しの審判時、Xは相続によって取得した株券のほか、預貯金約1000万円、土地建物を所有していた。

　成年後見取消しから2カ月後、Xのもとを訪問したY証券会社のP外務員から、保有株券の入庫を勧められて応じ、これを全て売却して約1400万円ほどを取得した後、P外務員の推奨によって、次々と投資信託の購入と売却を繰り返す乗換取引を行うこととなった。

　取引が1年強継続した頃、親族の助力を得て、Xは取引を終了させたが、その時点で約900万円の損失が発生していた。取引終了時、Xは77歳であった。

2 第1審

(1) 受任相談段階

　Xは、成年後見手続中は入院していたが、成年後見取消し後は退院して1人暮らしをしており、親族が時々暮らしぶりを見に行っていた。あるとき、親族が、Xが訪問販売の被害にあったと思われる形跡を見つけ、注意してX宛の郵便物を確認するようになったところ、その中に、Xが未公開株やロコ・ロンドン貴金属取引の被害にあったと思われるものを見つけ、Xと

124

第 4 章　投資信託の事例②

親族とが弁護士のところに相談に行くことになった。未公開株やロコ・ロンドン貴金属取引については、弁護士に委任して解決したが、その途中で、X宛にY証券会社から売買報告書が送られていることに気づいた親族が、Xに確認したところ、Xは自身の取引内容を十分に把握していなかった。そのため、親族が助力し、Y証券会社との取引を終了させたうえ、弁護士に対して、Y証券会社の事件処理も委任することとなった。

(2) 事案調査段階

(A) 情報収集・資料入手

(a) 取引内容

まず、Y証券会社に対し、顧客勘定元帳の提出を求めて入手した。また、成年後見取消し後に取引した投資信託につき、X宅に目論見書等がないかどうかを親族に確認してもらうこととした。顧客勘定元帳との突き合わせの結果、一部については目論見書等が存在するが、一部についてはX宅には存在しないことが判明したため、不足分についてはインターネットで検索する等して、商品内容を把握した。

また、日本証券業協会の「投資信託等の乗換え勧誘時の説明義務に関するガイドライン」、投資信託協会の「受益証券等の乗換え勧誘時の説明義務に関するガイドライン」を入手した。

(b) 顧客属性

事案の性質としてXの判断能力に関する資料収集が必要と判断したため、成年後見に関する記録一式を謄写申請した。

また、成年後見を取り消されたとはいえ、Xの判断能力が相応に低下しており、記憶の保持が難しいと考えたことから、できるだけ早い段階でXの記憶を陳述書の形で記録しておく必要があった。他方、Xの言葉を弁護士が整理して文章化すると、Xの判断能力を十分に表すものにはならないと考えられたため、問答体にして極力逐語的に記録し、陳述録取書を作成した。

125

第2部 各 論

その際、Xの親族から、実はXが別の病気で余命がそれほど長くないと予想されることを告白されたため、訴訟でXの本人尋問が実施できなくなることも想定し、陳述録取書作成のためのXへのインタビューをビデオ録画することにした。そのため、作成する陳述録取書はXの発語そのままで記録することとなった。Y証券会社の担当者名が事実と全く異なったり、投資信託の商品名を告げてその中身を尋ねても見当違いの答えしか返ってこなかったりして、Xが自身の取引をほとんど理解できていないこと、少なくとも主体的に自ら選択しながら行ったものでないこと等が明らかになった。

(B) 整理分析

(a) 取引内容

顧客勘定元帳に基づき、成年後見取消し後の取引につき、証券天救（専用ソフト）を用いて取引一覧表を作成した。

また、本件では、投資信託の乗換えの合理性が争点になると考えられたため、エクセルで乗換売買一覧表と投資信託一覧表を作成した。乗換売買一覧表および投資信託一覧表は、Y証券会社を被告とする同種事案についての先行裁判例があり、同訴訟で原告代理人が作成したものを参照して作成した。

乗換売買一覧表を作成することで、先行訴訟で問題となったのと同じく、保有日数が6カ月を経過した直後に売却して次の投資信託に乗り換えるということが繰り返されていることが明らかとなった。

また、投資信託一覧表については、争いのない基礎資料として判決に添付できるものにすることを意識して、主に目論見書から抜粋した情報を記載した。具体的には、商品名、発行会社、発行開始時期、償還日（信託終了日）、収益分配方法、申込手数料、信託財産留保額、信託報酬、投資対象、投資態度、リスク評価（モーニングスターとR＆Iのもの）、その他重要事項を一覧表にまとめた。リスク評価については、主要先進国の国債やソブリン債に分散投資する比較的リスクの低いもの（モーニングスターで2、R＆IでRC3）もあったが、農作物関連の商品市況に連動するものや中国株を投資対象とす

126

るリスクの高いもの（モーニングスターで5、R＆IでRC5）といったものが多く、投資信託とはいえハイリスクな商品が好んで選択されていることが明らかとなった。

(b) 顧客属性

成年後見に関する記録一式を分析した。医師の診断書等を入手できたが、投資判断能力に関する記述はなく、また本件取引開始前の資料しかないため、当面提出をしないこととした。

(3) 訴訟提起段階

(A) 違法要素（請求原因）の特定

本件の請求原因として、適合性原則違反、指導・助言義務違反、無意味な反復売買・乗換売買を抽出し、おおむね以下のとおり主張することとした。

(a) 適合性原則違反

最高裁平成17年7月14日判決の規範の項目（投資信託の商品内容、経験・知識、投資意向、財産状態等）ごとに当てはめて主張した。

投資信託の商品内容については、投資信託一覧表の記載を敷衍して文章化し、投資対象、分配時期、分配性向、負うべきリスクなどについて指摘した。

他方、顧客属性については、Y証券会社の従業員の言われるままに取引しただけで明確な投資意向を指摘することは困難であったことから、もっぱら経験・知識面——むしろ能力面において、成年後見取消し後で投資判断ができるほどの十分な判断能力を有していないことを強調することとなった。

(b) 説明義務・助言義務違反

投資判断を誤らせないように「正確な情報を提供すべき義務」（説明義務）と「適切な助言をすべき義務」（助言義務）について主張した。仮にXが本件のような取引を望んだとしても、Xの知識・能力・投資資金の性質に反して過大なリスクを負わせるものであることから、Xに沿わないことを説明すべきであったとも主張した。

(c) 無意味な反復売買・乗換売買

127

第2部 各 論

申込手数料が高額（2.1％～3.675％）であるにもかかわらず半年～1年程度で乗り換えていることを指摘し、回転率も2.2回と投資信託としては決して低くないことを主張した。

また、乗換えに合理性がないことを取引ごとに主張した。さらに、6カ月経過後すぐに乗換えが多くなされていることを指摘し、先行訴訟で問題となった内部ルールの潜脱（6カ月以内の乗換えには乗換えに関する確認書の徴求が必要なところ、それを回避する）がなされたことを指摘した。

(B) 違法性主張における力点

上記のとおり複数の違法要素を指摘したが、Xと打合せを重ねる中で、およそ金融商品へ投資できるだけの判断能力を有している人ではないという思いを強くしたため、本件の主戦場はあくまで適合性原則違反にあり、またXの能力からしてそれは優に認められると思われた。説明義務違反や無意味な反復売買は、投資内容を理解できないXをY証券会社が思いのままにコントロールするための手段、あるいはコントロールした結果であるという認識で提訴した。

(4) 弁論・弁論準備段階

(A) 取引内容

取引内容について、Xの手許に全ての目論見書が存在しなかったことから、正確を期すために、Y証券会社に対して全目論見書とXへの交付資料（パンフレット類）の提出を要請し、それらの提出を受け、収集した資料と照合した。

また、投資信託の乗換えに関するY証券会社の内部ルールと本件で作成した乗換確認書の提出を求めた。その結果、本件取引当時は、保有期間に関係なく乗換確認書を作成するように内部ルールが変更されていることが判明し、本件でも全ての乗換えについて乗換確認書が作成されており、それらの提出を受けることとなった。ただ、提出された乗換確認書には、売却する投資信託と新規取得する投資信託について目論見書から抜粋した記載がなされ、

第 4 章 投資信託の事例②

Y 証券会社が考えた乗換えの理由が記載されているだけで、X が自発的にそれを望んで行ったものでないことはもちろん、その内容を理解して署名捺印したとすら思えないものばかりであった。

(B) 属 性

Y 証券会社側からは、成年後見が取り消された以上、十分な判断能力があると考えるべきという主張とともに、成年後見記録の提出の要請があった。Y 証券会社が調査嘱託の申出をほのめかしたことと、裁判所から提出するように訴訟指揮を受けたこともあり、必要な範囲で成年後見記録を提出することとした。その結果、Y 証券会社側からは、成年後見取消し時の診断書に基づき、本件取引当時には十分判断能力があったとの主張がなされることとなった。

また、Y 証券会社からは、同社における成年後見開始前の取引経験について、十分な経験を持つ投資家であるとの主張がなされた。これに対しては、当時の担当者の勧めに応じただけである旨反論した。また、Y 証券会社から他の証券会社への取引履歴の開示を求める文書送付嘱託の申出がなされたが、いずれの証券会社からも該当なしとの回答を得たため、その点をもとに X の投資経験の乏しさを指摘した。

(5) 人証調べ段階

(A) 原告本人尋問

幸い X の健康状況は小康を保っていたため、訴訟中に X と数回打合せを行った。しかし、X が事実経過について記憶していることは乏しく、X の記憶に基づく反論は難しいと考えた。そして、Y 証券会社の主張を指摘してそれについての意見を聞くような詳細な打合せをすると、かえって X に真実と異なる後付け的な記憶を植え付けてしまうことになると判断し、原告本人尋問前まで、極力、事実経過を確認することを回避した。

そのうえで、本人尋問の直前に一度だけ、X に対し、事案調査段階で作成した陳述録取書と同内容の質問を行い、ほぼ同内容の回答を得たため、裁

129

第 2 部　各　論

判所には陳述録取書をそのまま提出し、原告本人尋問のリハーサル等を行うことなく、尋問当日を迎えた。

　尋問でも、Ｘは、ほぼ陳述録取書作成の際と同様の供述を行った。また、自身が乗換えを繰り返した商品が何かという問いに対して、「債券だと思う」と事実と異なる認識を示したうえ、債券というものが何かを説明することもできなかった。Ｘが自身の行った取引内容を全く理解しておらず、少なくとも主体的に取引するような能力のある人でないことは明らかになったと考えられた。

(B)　外務員尋問

　Ｘが外務員に勧誘されるがまま投資信託を乗り換えさせられていたことを印象づけるために、以下の視点ですべての乗換売買についてＰ外務員に確認していくことにした。

　① 　投資対象に一貫性がないこと（たとえば、投資対象を債券とする投資信託を売却して、外国株式を投資対象とする投資信託に乗り換えたのに、それを売却して再度、債券を投資対象とする投資信託に乗り換えている）

　② 　リスクに一貫性がない（為替リスクを負うものから、株価変動リスクを負うものへ、それから新興国リスクを負うものへといった乗換えをしている）

　③ 　乗換えをする必要がなく有害であること（分配金が出る直前にわざわざ乗換えをしていることなど）

　④ 　乗換先投資信託の損益（分配金を出していない投資信託に乗換えをしていることなど）

　⑤ 　投資信託のリスク（たとえば新興国リスク）を指摘して乗換えを提案しながら、同じリスクを持つ別の投資信託を放置しているのはおかしいこと

　⑥ 　投資判断するための情報を入手することが困難な投資信託への乗換え（投資対象としている指標の入手は素人にはおよそ不可能）

　これらの指摘を通じて、Ｐ外務員は、当初は安定的だと証言していた投資

第4章　投資信託の事例②

意向が、その後転々と変更したと証言することとなった。投資意向を変更させる理由のないXの属性と対比させて、P外務員の証言の虚偽性は明らかになったと考えられた。

(6)　最終弁論

特に和解の話も出ず、Xの投資判断能力の欠如とP外務員証言の虚偽性を強調する証拠弁論を行った。

(7)　判　決

以下のとおり、Xの主張をことごとく排斥する内容での敗訴の判決が下された。

(A)　前提事実

成年後見開始の審判を受けた平成17年3月までの間に外国債券、投資信託、株式の取引をしたことがあること、預貯金約1000万円、土地建物を所有していること、P外務員は、各取引において、目論見書を交付し、Xは確認書に署名押印していること、勧誘時にその場で契約しただけではなく断ったり留保することがあった。

(B)　適合性原則違反

前記(A)の事実からすると、平成20年1月時点において、15年程度の取引経験があったこと、株式・投資信託・外国債券の取引もしており、相当豊富な経験があるといえる。また、金融商品取引を行うに足りる資産を有しており、Xなりの判断によって投資判断をしていたことからすると、成年後見開始審判が取り消された後も判断能力が低下していたとはいえない。

(C)　説明義務違反

P外務員は、金融商品勧誘にあたり、金融商品取引の仕組みの概要やリスク、コスト等の基本的な情報について、通常人であれば理解しうるような方法によって説明をしたと認められるから、説明義務違反および助言義務違反は認められない。

担当者から説明を受けたとしても、その勧誘や説明にかかわらず当該金融

第2部 各 論

商品取引を行うことが得策でないと考えるのであれば、その取引を行わない
という判断をすれば足りるはずであるし、また、自己の理解が十分でないと
自覚する場合も同様である。そうすると、当該商品の仕組みの概要やリスク、
コストなどの基本的な情報について、通常人であれば理解しうるような方法
によって説明を行えば足りるというべきである。

(D) 無意味な反復売買・乗換売買

適合性に欠けるところがないXが、勧誘に際し、必要な説明を受けたう
えで、各取引を行うことを決断したといえるから、反復売買・乗換売買が合
理的なものであったか否かは、基本的に自己責任の範疇に属するというべき
であるし、P外務員が手数料稼ぎを目的としてXを勧誘したと認めるに足
りる的確な証拠はない。

また、各乗換売買についても合理性がある。

3 第2審

(1) 主 張

1審判決の内容を分析し、主張した違法要素の選択に誤りはなく、それぞ
れの違法要素における裁判所の評価を争うべきと判断し、適合性原則違反、
説明義務違反、無意味な反復売買・乗換売買の主張を維持し、新たな違法要
素は追加しないこととした。

(A) 適合性原則違反

能力論に偏重していた適合性原則に関する主張の組立てについては再考し、
特に、1審判決が適合性原則違反を否定する要素とした過去の取引経験の評
価につき、本件取引と異質であることを強調して主張することとした。具体
的には、投資経験・知識について、平成13年以降は取引がほとんど行われて
いなかったこと、平成13年の取引規模が1回あたり数十万～二百数十万程度
であるのに対して、本件取引は1000万円以上を一つの商品に集中していたこ
となどからすれば、本件取引当時に本件のような取引を行うにつき十分な投

132

第4章　投資信託の事例②

資経験・知識があったとはいえないと主張した。

　また、投資意向について、原判決は何ら認定しなかったため、預金の利率よりもよい商品という程度で、少なくとも積極的な投資意向を持っていなかったと主張した。

(B)　説明義務違反

　通常人が理解できるだけの説明をすれば足りるとの点については、自己責任の前提として当該顧客が商品の仕組みやリスクなどについて理解できるだけの情報を与えられなければ投資判断ができないと批判した。

(C)　無意味な反復売買・乗換売買

　一つひとつの乗換えについて、再度無意味性を指摘するとともに、投資信託の統計上の平均保有期間（平成20年当時で4年7カ月（朝日新聞平成22年10月18日））と比較して本件での保有期間が著しく短いことを主張した。

(2)　追加立証

　原判決の問題点を指摘しつつ、他方、Xの投資判断能力の欠如が本件の主戦場であるとの判断に変更はなかったため、Xの判断能力を基礎づける資料を可能な限り収集することにした。

　その中で、本件取引開始前後におけるXの状況がわかるものとして、介護保険の要介護認定時に作成されるケアプラン作成資料があることに気づき、行政に対する個人情報開示請求により入手し、証拠提出するとともに、要介護認定時ごとにXが日常生活においても支障を来すような判断能力しか有しておらず、本件取引前後においても、到底、金融商品取引を主体的に行う能力を持ち合わせていなかったことを強調した。

(3)　判　決

(A)　前提事案

　控訴審は、Xは、成年後見開始審判を受けた平成17年3月までの間に外国債券・投資信託・株式取引をしているが、1回の取引規模は数十万～二百数十万円程度で1000万円以上集中投資するような取引はなかったとした。ま

133

第 2 部 各 論

た、平成13年 5 月以降は投資信託の償還金が入金されたり外国口座の保管料が引き落された程度で、新規買付けはほとんど行われていないとした。

そして、医師の鑑定書、要介護認定のための介護審査の内容から本件取引前後の状況を認定し、以下のとおり、投資判断能力の欠如を認めた。

投資信託の内容についても、投資対象、リスク（R ＆ I、モーニングスター）、手数料（申込手数料、信託財産保留額、信託報酬）を詳細に認定した。

(B) 適合性原則違反

(a) 各商品の特性

投資信託の内容は、いずれも RC 3 以上の基準価額の変動が大きいものとなっており、最もリスクの高い RC 5 の投資信託も含まれている。また、為替リスク、株価変動リスクなどさまざまなリスクを負っている。

本件各商品は、高齢かつ成年後見開始取消しの審判がされて間がなく、判断能力が十分でなかった X にとって、その内容の理解は困難である。

(b) 投資資金、投資態様

相当程度の資産を有していたものの、その中心は流動性の低い不動産であって、預貯金は1000万円程度しかなく、収入は年金と不動産収入が年間で合計294万円であったから、本件取引開始時に売却した株式も余裕資金と評価できないものだった。

本件取引においては、株式を売却して得た資金約1400万円をほぼ全額、投資資金にあてており、リスクの分散が全く考慮されていない。

(c) 投資経験、判断能力

成年後見開始の審判を受けた平成17年 3 月までの間、株式・投資信託・外国債券の取引経験を有していた。しかし、従前の取引は比較的安全な商品の取引であったこと、1 回の取引で1000万円以上集中投資するような取引はなかったことなどからすると、従前の取引は本件取引と質的・量的に大きく異なるというべきである。

本件取引当時、76歳の女性であって、年齢相応に判断能力が低下していた

第4章　投資信託の事例②

ことが容易に想像できる。しかも、成年後見開始の審判が取り消されてから
2カ月も経たないうちに本件取引が開始されている。介護審査の結果を総合
的にみると、成年後見開始の審判が取り消された時点で、長谷川式簡易知能
評価スケールの点数にもかかわらず、いまだ回復途上であり、日常生活を自
力または介助を受けて何とかこなすことで精一杯の状況であり、主体的な判
断で金融商品取引等を行うことが不可能な状態であったといえる。

　⒟　投資意向

　当初の取引内容は公社債の買付けを希望したものであったし、Ｐ外務員が
把握した投資意向も「分配金実績のあるものに重きがあった」ことからする
と、Ｘは預貯金の金利よりは利率のよい分配金が得られる安全な商品の取
引を希望する程度の慎重な投資意向であったと認めるのが合理的かつ相当で
ある。

　⒠　小　括

　以上によれば、後見開始が取り消されてからも主体的な判断で金融商品取
引等を行うことが不可能な状態であった、満76歳という高齢で一人暮らしの
Ｘに対し、相当のリスクがあり、理解が困難な本件取引を勧誘し、投資さ
せたものであり、Ｘの意向と実情に反し、過大な危険を伴う本件取引を勧
誘したものであるといえるから、Ｐ外務員の勧誘は、適合性の原則から著し
く逸脱した投資信託等の勧誘であるというべきである。

　⒞　説明義務違反

　金商業者は、信義則上、一般投資家である顧客を証券取引に勧誘するにあ
たり、自己責任による投資判断の前提として、当該商品の仕組みや危険性等
について、当該顧客がそれらを具体的に理解することができる程度の説明を、
当該顧客の投資経験、知識、理解力等に応じて行う義務を有すると理解する
のが相当である。

　Ｐ外務員は、Ｘに対し、各金融商品の勧誘にあたり、当該金融商品取引の
仕組みの概要やリスク、コスト等の基本的な情報について、一応の説明はし

135

第2部　各　論

たものと認められる。しかし、本件取引において、P外務員の勧誘により、相当なリスクを有する投資信託などを買い付け、しかも比較的短期間の保有日数で投資信託の乗換売買が繰り返されるなど、相当に積極的な投資判断に基づく取引が行われているのであるから、P外務員としては、Xに対し、新たに取引の対象とする商品の内容、仕組み、投資方針、リスクの質と程度についてはもちろんのこと、乗換売買を行うにあたっては、売却する各商品の状況及び通算の損益状況、手数料等の顧客が負担する内容等、乗換売買を行うことのメリット並びにデメリットおよびリスクについても、Xの属性等を踏まえ、Xの取引意向に沿うべく十分に説明して理解させる義務があったというべきである。

　Xは、満76歳と高齢で、疾病の影響もあって、理解力や判断力に欠けるところがあったうえ、取引の対象とした投資信託は複雑なものが多かったのであるから、Xとしては当該商品のリスク、投資判断の材料、乗換えの意味、損益状況等について十分理解することができないまま、P外務員から勧められるままに本件取引を継続したものというべきであり、P外務員の上記の程度の説明では、上記の事情の説明を十分尽くしたものとは認め難い。

(D)　無意味な反復売買・乗換売買

　証券会社が、顧客の利益よりも自らの手数料収入の獲得という利益を優先させ、顧客を不適切に大量・頻繁な取引を勧誘することは、金融商品取引法36条の規定する誠実・公正義務にも違反する。

　各乗換売買において、リスクが高い商品の乗換えであること、Xの投資意向に沿ったものとはいえないこと、などから各乗換えは合理的な乗換えとはいえない。1回を除き、Xが損失を被っているうえ、手数料率が比較的高額であることを考えあわせると、P外務員は、Xの利益を犠牲にして、自己の業績を上げ、あるいは会社の利益を図ったものと推認するのが相当である。

136

第4章　投資信託の事例②

(E)　過失相殺

　Xは、本件取引の際に、投資信託の販売用資料に基づいて一応の説明は受けたこと、判断能力は不十分なものであったが、知能指数や長谷川式簡易知能評価スケールの数値などはほぼ回復していたことからすると、Xとしては、本件取引に際し、投資信託等の購入を拒否し、親族に相談することが全く不可能であったとまではいえず、安易に本件取引に及んだことについては、Xにも一定の落ち度が存在する。親族も本件取引に気がつかなかったことも被害者側の過失といえる。そこで、本件においては、Xの過失割合を2割として過失相殺を行うのが相当といえる。

4　最後に

　1審では本人の属性（成年後見取消しの直後であること）に重きを置きすぎて、その前提を軽く扱われてしまったため、足下をすくわれてしまった。要介護認定の資料以外は立証方法として変わりはなかったが、本人の属性をわかってもらえたことが逆転の要因であった。

（加藤　進一郎）

〈参考裁判例〉
・大阪地裁平成18年4月26日判決（判時1947号122頁）
・大阪高裁平成20年6月3日判決（金判1300号45頁）
・大阪高裁平成25年2月22日判決（判時2197号29頁）
・大阪地裁平成25年10月21日判決（セレクト46巻12頁。控訴審で和解・大阪高裁
　平成26年3月7日・セレクト47巻59頁）

第2部　各　論

第5章　商品混在型取引の事例

1　事例の概要

　Ｘは、医師として大学病院等での勤務経験を有する女性であった（ただし、高齢の母親の看病のため退職し、本件取引時には職に就いていなかった）。

　Ｘは、父親の死亡に伴ってその遺産を相続し、3億円を超える資産を有していた。この遺産には、父親がＹ証券会社に預託していた上場銘柄の株式も含まれていたため、Ｘは、Ｙ証券会社を訪れ、これらを相続によりＸの取引口座に移転する手続を行った。Ｙ証券会社には、かねてからＸ名義の取引口座が存在したため、上記株式はこの口座に移転されたが、この口座はＸの父親が開設したもので、開設当初に父親によってわずかな貯蓄性商品の取引が行われた以外は、全く取引は行われていなかった。Ｘ自身は、上記株式を相続した時点において、投資経験は全くなく、投資への興味も知識もなかった。

　ところが、Ｘは、上記の相続手続を契機に、Ｙ証券会社のＰ外務員から頻繁に投資勧誘を受けるようになり、これに応じて国内上場企業の社債や公社債投資信託の購入を行った。これがＸにとって初めての証券取引であった。

　さらにＸは、Ｐ外務員から、近く税制が変わる可能性があるので取得日がわからない古い株を持っていると税務上不利だ、時代遅れの株を持っていても仕方ない、などと告げられて、相続した株式すべてを売却するよう強く勧められた。Ｘはいったんは拒否したが、結局は勧誘に押し切られて、すべての株式の売却を行った。

　するとＰ外務員は、株式の売却代金約7000万円のうち5000万円で投資信託（株式で運用する株式投資信託）を購入し、残った資金で今流行の株式を購

138

入することを勧誘した。P外務員は、この投資信託は安全で銀行預金より有利であることを強調し、リスクに関する説明は行わず、Xからの預けたお金が減少する心配はないのかとの質問に対しても、「大丈夫です」と答えていた。そこでXは、P外務員の説明を信頼して、勧誘に従った取引を行った。

その後、P外務員は、Xが最初に購入した社債等を売却して上記投資信託とは別の投資信託を購入することを勧め、Xはこれに応じた。

また、P外務員は、Xから、亡父の遺産である銀行預金について、遅れていた相続手続が完了したことを聞くと、当該預金を原資に外国の国債を購入することを勧め、Xは代金約9000万円でこれを購入した。さらに、P外務員は、Xから、亡父の遺産であった不動産を売却したことを聞くや、その売却代金の一部で外国の社債を購入することを勧め、Xは代金4000万円でこれを購入した（この社債は、仕組債の一種である日経平均連動債であった）。

以後もXは、P外務員から勧誘を受けて、すでに購入していたものと同種の投資信託の買い増しや、新たな投資信託の購入、新興市場銘柄の株式の購入などを繰り返し行った。その合間には、X自身の発案と選択によって、日経225連動型上場投資信託や数銘柄の株式の購入が行われたが、いずれも購入額は数十万円〜200万円程度にとどまっていた。

以上の経緯により、XのY証券会社における取引は巨大な規模となっていったが、いずれの取引についても、勧誘時には満足なリスクの説明は行われず、Xは勧誘されるがままに取引を繰り返していた。その結果、その後の相場の下落によって、Xは大きな損失を被ることとなった（Xが自ら購入したものも含んだ取引全体の損益は、約3800万円の損失となった）。

2 受任相談と訴訟の方針

まず、Xからの事情聴取と、Y証券会社から顧客勘定元帳を取り寄せたうえで、取引内容の分析・検討を並行して行った。ただし、Xは取引対象

第2部 各 論

商品の大半について説明資料を受け取っていなかったとのことで、実際にも
Xの手許にはごく一部の商品の資料しか残っていなかったため、説明資料
がない商品については、インターネットで商品名を検索するなどして、可能
な範囲の調査を行った。

　その結果、本件は、いかに医師免許を持つ資産豊富な顧客であったとはい
え、投資経験がなく投資への興味もなかった者を、株式の相続手続を契機と
して、なし崩し的にさまざまなハイリスク商品への多額の投資に巻き込んだ
点で、問題性は大きいと思われた（なお、株式等の相続を契機に、投資経験が
なかった相続人が不当勧誘を受けて、当該株式等の売却代金を原資とした頻繁な
取引をなさしめられて被害を被るというパターンは、昔から現在まで変わらない
典型的な被害パターンの一つである）。

　しかし、取引対象商品が多種多様であったため、これらをどのように取り
上げてどのように構成するかは実に悩ましいところとなり、この点の検討に
は相当の時間を要した。その検討と方針決定の過程を述べれば、以下のとお
りである。

　① 　本件取引においては、途中からは相当回数の株式取引が行われていた
　　ものの、1回あたりの取引金額は100万円～300万円台が多く、結果とし
　　てもさして大きな損失には繋がっておらず、むしろ取引規模が大きな投
　　資信託や債券にこそ大きな問題があった。勧誘の実態としても、まとま
　　った金額で投資信託を購入させ、残りを株式に回していくつかの銘柄を
　　購入するといった形になっており、株式取引は従たる位置づけにとどま
　　っていた。しかも、株式取引が頻繁に行われた時期は一定時期に集中し
　　ていたし、購入額が大きな投資信託や債券は保有したままとなっていた
　　ため、いわゆる資金回転率は決して高くなかった。

　　　以上から、株式取引を含めた過当取引の法理によって取引全体の違法
　　性を指摘することは、困難であるうえに実態にそぐわず、問題が大きい
　　個別取引を抜き出して訴訟の対象とすべきものと考えられた。

第 5 章　商品混在型取引の事例

② そこで、どの取引を取り上げるかを検討したが、これも、対象商品が多く、損益やリスクの程度もさまざまであったため、どこで線を引くかは悩ましい面があった。

まず、投資信託の中でも、運用対象や運用方針からハイリスク型といえる特性を有するうえに取引規模が大きかったため多額の損失が生じた２種類の投資信託（買増しも何度か行われていた）と、これも取引規模が大きく多額の損失に繋がった仕組債（日経平均連動債）は、対象として取り上げることとした（これら３種の商品だけで約3500万円の損失が生じていた）。

また、代金約9000万円で購入された外国の国債は、いわゆる投資不適格債（格付けが投機級の BB）であった。結局はわずかな損失で売却することができて、利息を通算すれば損失はなかったのであるが、このような商品に約9000万円もの資金を投下させることの問題は顕著であったことから、この商品も「違法対象」（ただし、「損害賠償の対象」ではない）として取り上げることとした。

その他の商品については、あまりに訴訟対象商品が増加することは、個々の商品の特性上の問題の理解を得ることが困難となるおそれがあるため、慎重に絞り込むこととした。その結果、新興市場株については、相当数の取引があって問題ではあったもの、上記の投資信託や債券に比べれば取引規模が小さく、勧誘による株式取引全体は利益になっていたため、取り上げないこととした。

次いで、投資信託や債券についても、比較的リスクが低い特性を有する商品（そのような商品は大きな損失は生じておらず、むしろ利益となっていた）は除外した。

最後に残ったいくつかのハイリスク型といえる投資信託は、取引規模や損失がさほど大きくなく、かえって利益が生じているものもあったが、損失が生じていたものは対象に加え、利益が生じていたものは除外した。

141

第2部 各 論

そのうえで、対象から除外した新興市場株やハイリスク型の投資信託についても、決してXがその特性やリスクを理解して取引を行ったわけではないことを明らかにしておく必要があるため、事情としての問題性の指摘は簡単に行うこととし、仮に訴訟において裁判所あるいはY証券会社から、これらもハイリスク取引であるから対象に加えて損益を通算して損害を算定すべきであるとの指摘があった場合には、これに応じる余地を残しておくこととした（Xにもその旨を説明して了解を得た）。

以上の結果、訴訟の対象とした商品による損益の通算額は、約4300万円となり、これに1割の弁護士費用相当額を加えた金額につき、損害賠償を求めることとした。なお、取引の一部を取り出した請求であるだけに、取引全体の損益との兼ね合いにも留意したが、前記のとおり取引全体の損益は約3800万円の損失であったもので、もともとXの意向に沿う安全性の高い商品や上場株式等による利益は、損害から控除されるべき筋合いのものではないことからすれば、上記の損害賠償請求額は妥当なものと考えられた。

③　法律構成としては、適合性原則違反および説明義務違反による不法行為構成をとることに迷いは生じなかったが、適合性原則違反については、本件の実態を無視して、各個別取引ごとに分断したうえでの判断をされてしまうと、Xの属性等に照らし、違法性を否定されやすく、説明義務の問題にも影響が生じることが危惧された。

そこで、本件と同様に、多種多様な投資信託や仕組債等がズルズル取引されたが頻度等の面から過当取引とは言い難い被害事例における先例というべき大阪地裁平成18年4月26日判決（判時1947号122頁・控訴審で和解。この事例も全取引ではなく国内上場株を除いた取引が対象とされていた）を参考に、「ハイリスク型商品への集中投資」という本件の問題の核心を強調して、対象取引全体を束ねた主張立証を心がけることとし、これによって個別取引ごとではなく対象取引全体の実情を見据えた判断

第5章　商品混在型取引の事例

を得ることをめざすこととした。

3　訴訟活動

(1)　訴状と請求原因

　以上の検討を経て、Y証券会社を被告とする民事訴訟を提起した。訴状における請求原因は、適合性原則違反および説明義務違反による不法行為に基づく損害賠償請求であり、前記の対象取引の損益を通算した約4300万円に1割の弁護士費用相当額を加えた金額を請求額とした。

　なお、投資信託の分配金や債券の利金は、詳細が不明であったこともあり、損害額から控除しなかったが、訴訟係属中にY証券会社から仕組債の利金について主張がなされ、判決においては、この利金を控除した金額が損害と認定された。

(2)　主張立証上の工夫

(A)　商品特性の分析

　前記のとおり、Xの手許には訴訟で問題とする対象商品の説明資料はごく一部しか残っていなかったため、提訴時点ではインターネットで調査した範囲での商品特性の分析・検討しかできていなかった。そこで、第1回期日においてこのことを説明したうえで、Y証券会社に対して説明資料（目論見書等）の提出を求め、協議の結果、Y証券会社から裁判外で資料の交付を受けたうえで、原告側からこれらを書証として提出することとなった。

　このようにして入手した目論見書等を基礎に、最初の準備書面で商品特性の主張を行ったが、対象商品が8種類（うち投資信託が6種類）にわたることを考慮して、投資信託については、目論見書等の記載内容に忠実に、できるだけ簡潔かつ争いが生じない内容で、各商品の商品特性を一覧表にまとめて提出した（最終的に、この一覧表は判決にも添付されることとなった）。具体例をあげれば、目論見書記載の「投資対象」を転記して、2部上場銘柄や店頭銘柄、外国株も運用対象であることなどを指摘し、同じく「投資態度」の

143

第2部　各　論

記載内容から、いわゆる積極運用型であることや成長企業への投資を行うタイプの商品であることが判明する部分を抜き出した指摘を行い、手数料や信託報酬の記載も行った。

　これに対し、仕組債（日経平均連動債）や外国の国債は、このような一覧表の簡潔な記載には馴染まないと思われたため、準備書面本文中での商品特性の主張を行うにとどめた。なお、仕組債（日経平均連動債）については、すでに多数の訴訟で大きな問題になっており、さまざまな資料や文献も入手していたため、そのオプションの売りを組み込んだ実態をはじめとする商品特性上の問題については、相当量の主張や書証の提出を行うことが可能であった。しかし、対象商品全体のバランスや本件の核心が「ハイリスク型商品への集中投資」にあることを考え、深入りを避けたセーブした内容での主張立証を行うにとどめた。ただし、この点は、最後まで悩ましい問題として残り、後記のとおり、最終段階では、仕組債（日経平均連動債）だけに特化して商品特性上の問題の補充的な主張立証を行うこととなった。

⒝　ハイリスク型商品への集中投資

　本件の問題の核心であるハイリスク型商品への集中投資については、まず、上記のとおり対象商品の特性をできるだけ簡潔かつ争いが生じない内容でまとめた主張を行ったうえで、主に上場株式との比較において、ハイリスク性の指摘を行った。ここで上場株式を比較対象としたのは、ハイリスク性とだけ言ってみても多分に相対的であり、比較対象が必要となるところ、本件のＸは、相続によって相当額の上場株式を取得しており、本件各取引の最中に自らも日経225連動型上場投資信託や株式（３銘柄）の購入を行ったことがあったためである。ただし、実際にはＸは、決して多額の資金を上場株式に投下することまでは望んでいなかったもので、このような点に鑑み、いわばＸが容認するギリギリの投資内容が「資産のうちの適正額による上場株式への堅実な投資」であったことを強調することとした。

　次に、集中投資の点については、取引開始後の各時点における総投資額と

144

第 5 章　商品混在型取引の事例

本件訴訟の対象商品への投資額（購入額の合計）を具体的に比較した主張を行い、いかに短期間で総投資額およびそのうちハイリスク型商品が占める割合が飛躍的に増大していったかを数字を示して明らかにした。

⒞　X の属性等

　X が相当の社会的地位や一般的判断能力、豊富な資産を有していることは、否定できないところであり、Y 証券会社からは、何よりも X のこのような属性が強調され、すべて X の自己責任であるかのような主張が行われた。

　しかし、X は、もともと投資経験も投資への興味もなかったもので、しかも X から事情を聴取したところでは、本件取引時には、X は父親の死亡による大きな喪失感の中で、母親の看病やさまざまな後始末（自宅兼診療所の売却など）に追われている状況にあり、そこに熱心な勧誘を受けたため、深く検討する余裕もないまま勧誘に応じていたとのことであった。

　そこで訴訟では、このような X の精神状態や生活状況を具体的に指摘して、裁判所から、上記のような属性の X が勧誘に応じて取引を繰り返すに至った心情や実情の理解を得ることができるよう心掛けた。

　また、投資経験や投資意向については、前記のような経緯で取引が拡大していく過程を丁寧に論証するとともに、途中で X が自発的に行った取引は、勧誘による取引ばかりが繰り返される中で、たまには自分で何か指示してみたいと考えて一時的にいくつか注文してみたにすぎなかったこと、しかも、このように自発的に行われた取引はわずかな回数で、購入額は数十万円～200万円程度にとどまっていたことを指摘し、これらによって、X は、終始、取引に関して消極的な意向しかなく、あえて自ら取引を行うときにも上記のような頻度、金額の取引しか行わなかったもので、これらとの比較において P 外務員の勧誘による取引がいかに極端に乖離したものであったかを主張することとした。

　さらに、X からの事情聴取においては、「自分には相応の資産があるので

145

第2部　各　論

危険な目に遭ってまで増やす必要など全くなかった。堅実な資産運用で十分だった」との、実に印象的な発言がなされていたため、このことも主張することとした。

(3)　顧客カードの問題

本件において重要となったポイントの一つとして、顧客カードの問題があった。

(A)　顧客カードの意義と重要性

顧客カードとは、証券会社での口座申込時に顧客が投資目的、資産の状況、投資経験等を記載する書類であって（口座開設申込書と一体となっている場合もある）、証券会社は、日本証券業協会公正慣習規則第9号（「協会員の投資勧誘、顧客管理等に関する規則」）により、適合性原則の遵守の前提としての顧客の属性の把握のため、顧客カードの作成を義務付けられている（同規則は顧客カードの記載事項も定め、雛形も示している）。金融商品取引被害訴訟においては、早い段階で証券会社から顧客カードが提出され、顧客が上記各事項につきどのような記載を行っていたかが明らかにされることが多い。逆に、証券会社から顧客カードが提出されない場合は、顧客側から提出を求める必要がある（提訴前に証拠保全を行って入手しておくことも重要である）。顧客カードには、顧客に不利な記載がなされてしまっている場合も少なくないが（たとえば、証券会社外務員から「さまざまな商品を案内できるようにするため」などと言われて、実際は安全志向であるのに「積極意向」を示す欄にチェックを行っている場合などがある）、前提事実を早期に確定させるためにも、顧客カードのような重要な基礎資料は必ず早い段階で提出させて、以後の審理の前提とすべきである。

(B)　紙媒体としての顧客カードの不存在

ところが、本件では、口座開設時期が古かったためか（前記のとおり亡父が生前にX名義の口座を開設していた）、Y証券会社から提出された口座設定申込書は顧客カードといえる内容となっておらず、他に内容において顧客カ

第5章　商品混在型取引の事例

ードに相当する書類は提出されなかった。

　そのため、顧客カードの重要性を示す主張を行ったうえで、本件各取引時における顧客カードの有無について求釈明を行い、顧客カードが存在するのであれば提出するよう要請を行うこととした。なお、顧客カードは、前記のとおり公正慣習規則第9号に規定がある他、公正慣習規則第8号「証券従業員に関する規則」にも、「顧客カード等で知り得た投資資金の額その他の事項に照らし、過度な数量の有価証券の売買その他の取引等の勧誘を行うこと」を禁止行為とする規定（7条3項1号）があり、さらに証券取引等監視委員会の「証券検査マニュアル」（金融商品取引法施行に伴い「金融商品取引業者等検査マニュアル」に変更）や金融庁監督指針においても、顧客属性等に照らして適切な勧誘を行うための基礎資料として重視されているため、これらの事実も指摘して、上記求釈明および要請を行った。

　しかし、Y証券会社からは、顧客カードは電磁的記録になっており紙媒体では管理していないとの主張がなされ、顧客カードは提出されなかった（逆にいえば、X自身が記載を行った紙媒体の顧客カードは存在しないことが明らかになった）。また、それでは本件各取引にあたってXの属性等をどのような方法で把握したのかという点については、Y証券会社は、P外務員がXから直接聴取したとの主張を行った。

(C)　顧客自身に記載させなかったことの問題の指摘

　そこで、同じ証券会社を被告とする他の事案を担当する顧客側代理人の協力も得るなどして、本件各取引当時のY証券会社における顧客カードの取扱いを調査した。その結果、当然のことではあるが、Y証券会社にも、すでに口座を開設している者についても顧客自身に投資目的等を記載させる顧客カードの書式があり、記載事項に変更があった場合のための変更の書式も存在していた。

　そして、これらの書式を書証として提出したうえで、P外務員への反対尋問を行ったところ、同人は、顧客カードは顧客自身に記載させることになっ

147

第2部　各　論

ていることは認め、なぜ本件では作成しなかったのかについては曖昧な弁明しかできず、Xに本件各取引を開始させるにあたってX自身に顧客カード（あるいはこれに相当するもの）への投資目的や投資経験等の記載をさせなかったことの杜撰さや不自然さ、さらには、P外務員によるこれらXの投資目的や投資経験等の聴取や調査の杜撰さや不自然さが、顕著に浮かび上がることとなった。

　その結果、判決では、P外務員が、勧誘に際して投資経験や投資意向を確認する書類の作成を求めておらず、顧客に投資経験がないことに注意を払わず、顧客の投資意向をよく確認しないまま、勧誘を行っていたことが認定され、このことは、適合性原則違反が肯定される重要な要素となった。

　なお、以上と同様の顧客カードの問題はしばしば見受けられ、たとえば大阪地裁平成24年12月3日判決（判時2186号55頁）も、高齢者夫婦の仕組債被害の事案（やはり顧客カードは作成されておらず証券会社内部における電磁的記録だけが存在していた）において、被告証券会社の外務職員は、顧客カードを作成せず作成者や作成時期が不明でデータの信頼性にも疑問を持つべき被告証券会社の顧客データ登録内容に依拠した勧誘を行っており、顧客らの投資意向を正しく認識していなかったこと、被告証券会社では上記顧客データ以外にも信頼するに足る情報は管理されておらず、被告証券会社の外務職員は顧客らの投資経験や投資意向に関する質問等をしていなかったことなどから、被告証券会社の外務職員は顧客らの属性を正しく把握しようともしていなかったことがうかがわれるとし、結論としても適合性原則違反、説明義務違反を認めている。

(4)　証人尋問

　以上の経緯を経て証拠調べが実施されることとなり、XおよびP外務員の尋問が行われた（集中証拠調べ方式により1日で行われた）。

　原告本人尋問においては、Xの社会的地位や一般的判断能力、豊富な資産が誤って偏重されることを防ぐべく、前記のような当時の心情や実情をあ

148

第5章　商品混在型取引の事例

りのままに述べてもらうことに注力し、そのような特殊な精神状態や生活状況の中で、深く検討する余裕もないまま勧誘に応じていたこと、さらには、Xには資産運用で大きな利益を上げる必要はなく、このような特殊な状況下でなければ何も理解できないまま勧誘に応じることはなかったことを、明らかにすることを心がけた。

　また、P外務員への反対尋問においては、前記のような顧客カードに関する問題を重点的に尋問し、Xの投資経験や投資意向を意に介することもなく、ないに等しい杜撰な適合性審査によって、過大なハイリスク取引を次々に勧誘していたことを明らかにした。さらに、ハイリスク型商品への集中投資が行われる過程や各商品によってY証券会社が得る利益等を個々に問題にし、取引の拡大やそれに伴うリスクの増大につき、P外務員からの適切な助言もなければ、これらに対してXが不安や不満・疑問を述べたり、もっと安全な商品にしたほうがよいのではないかといった協議がなされたこともなく、ただ勧誘されるがままに、ほぼ即決で取引が繰り返されていった経緯を明らかにした。

(5)　最終準備書面

　最終準備書面では、以上の証拠調べの結果に基づいて事実関係を論証したうえで、本件におけるハイリスク型商品への集中投資の内容とXの意向と実情に照らせば適合性原則違反による不法行為が成立すること、さらにXはただ勧誘されるがままに、各ハイリスク商品のリスクの内容や程度を全く理解できないまま取引を行っていたことから、説明義務違反による不法行為が成立することをあらためて主張した。

　また、最終段階における和解の席で、裁判官から、仕組債（日経平均連動債）がよくわからないとの発言がなされたため、口頭でその商品特性上の問題を説明した。すると、和解の試みが打ち切られた後に、裁判所から当事者双方に対し、仕組債（日経平均連動債）に関して補充の主張や資料があれば提出するよう指示があったため、それまでは控えていた仕組債の商品特性上

149

第2部 各 論

の問題に関する主張や書証の提出をまとめて行った。

4 判 決

　判決は、最高裁平成17年7月14日判決に倣って適合性原則違反による不法
行為の成立要件を示したうえで、本件対象商品のハイリスク性を認め、X
にもともと投資経験がなく積極的な投資意向もなかったことや、医師免許を
有しているとはいえ経済や投資商品について関心が低く特段の知識を有して
いたとか積極的に理解に努めていた形跡もないこと、Xが自ら選択して行
った取引はいずれも問題の取引がすでに行われた後のもので購入金額も少額
にすぎず積極的な投資意向を示すものではないこと、金融資産の大半がP
外務員の勧誘による取引に費やされ、さらにその大半が本件対象商品に投じ
られていることなどを総合的に考慮し、P外務員の勧誘行為は、「原告の投
資経験に注意を払わず、原告の投資意向を確認しないまま、原告の意向と実
情に反し、堅実な株式投資から転じて、明らかに過大な危険を伴う商品のみ
の取引に、そして額においても一個人の投資目論見には到底及ばない桁に達
する取引へと積極的に誘導したものであり、適合性の原則から著しく逸脱し
た証券取引勧誘に該当する」として、不法行為を構成するとした。

　また、説明義務違反についても、もともと投資経験も積極的な投資意向も
なかったXが、勧誘に対して即決に近い形で、一部上場有名企業の比較的
安定した株式の売却代金、預金、公社債投信など安定した資産を躊躇なく購
入原資にあてるなどして金融資産の大半を本件対象商品に投じたことは、X
が各種投資商品の中での本件対象商品の位置づけを理解していないままであ
り、その仕組みやリスクについてほとんど理解していなかったこと、代金に
あてるために処分した上記資産との間でのリスクの区別ができていなかった
ことを示すものであるとし、また、P外務員がXの投資経験に注意を払わ
ず、投資意向を確認していないことからすれば、Xが仕組みやリスクを理
解できていたかについて関心が低く、Xが理解できるよう説明を尽くそう

150

との意識をほとんど持ち合わせていなかったと認めることができるなどとして、説明義務違反を肯定した。

5　最後に

本件は、多種多様な商品による被害事案ではあるが、過当取引の法理が使えるような頻繁売買ではないという特徴があり、どの商品を選択してどのような法的構成をとるかが実に悩ましい事案であったが、結果的には、ハイリスク型商品への絞り込みによる「ハイリスク型商品への集中投資」という構成が奏功することとなった。とりわけ、Xの属性等に照らして各商品を個別に対象としていては、適合性原則違反の判断を得ることはできなかったはずであり、このような構成に基づいて最高裁平成17年7月14日判決への当てはめを行ったことが、適合性原則違反の肯定に繋がったと思われる。

（田端　聡）

〈参考裁判例〉
・大阪地裁平成18年4月26日判決（判時1947号122頁）
・大阪高裁平成20年6月3日判決（金判1300号45頁）
・大津地裁平成21年5月14日判決（セレクト35巻104頁）
・大阪地裁平成24年12月3日判決（判時2186号55頁）

第2部 各 論

第6章 店頭デリバティブ取引の事例①

1 事例の概要

　Xは、商業施設の店内装備の設計施工を事業内容とする株式会社であり、Aはその代表取締役社長であった。

　Aは、かねてからY証券会社で株式取引を行っていたが、同社のP外務員およびその上司であるQ外務員から、Xについても法人としての口座を開設して取引を行うよう勧誘を受けた。そこでAは、Xの口座を開設したが、従業員や取引先への責任も負うべきXの資産に関し、リスクがある取引を積極的に行う意向はなかったため、比較的安全性の高い投資信託の取引を行っただけで、以後しばらくは取引を行わなかった。

　ところが、その後Aは、Q外務員から、高利回りで早期償還の可能性が高い商品として為替系の仕組債を勧められ、勧誘を信頼して、これを5000万円で購入した。

　その後、平成19年6月に、Aは、P外務員およびQ外務員から、Xにおいて上記仕組債を担保としてのクーポンスワップ取引を行うことを勧められた。

　その具体的内容は、3カ月に1回、豪ドル／円レートが1豪ドル93.35円より円安であれば、顧客が10万豪ドルを利息として受け取り、933万5000円を利息として支払うこととなり、他方、93.35円以下の円高であれば、30万豪ドルを利息として受け取り、2800万5000円を利息として支払うこととなり、これを計10回、2年6カ月にわたって繰り返すというもので、108.50円より円安になった場合には取引全体が早期終了するというノックアウト条項が付されていた。なお、この取引の勧誘が行われた時点での豪ドル／円レートは、1豪ドル104円前後であった。

152

第6章　店頭デリバティブ取引の事例①

　ここでもＡは、Ｐ外務員らの「高利回りで早期終了の可能性が高い」との勧誘時の説明を信頼し、しかも、購入済みの仕組債を担保とすれば足り、他に追加資金の拠出を要することなく取引を行えるとのことであったことから、Ｘにおいてクーポンスワップ取引を行うことを承諾した。

　ところが、取引開始から約２カ月後に、ＡはＰ外務員から、為替相場が円高方向となったことを理由に、クーポンスワップ取引について追加担保の請求を受けた（この頃の豪ドル／円レートは、１豪ドル92円前後であった）。Ａは追加担保が必要になることがあるとの認識がなかったため、抗議を行うとともに、取引をやめたいと申し述べたが、Ｐ外務員から、取引をやめるには１億円近い解約清算金が必要になると告げられ、やむなく追加担保として1650万円を預託した。

　その後の３カ月に１回の金利交換においては、Ｘが受け取る豪ドルは直ちに円に転換してＹ証券会社におけるＸの口座に入金され、Ｘが支払うべき利息（円）はＸの同口座から出金されるという形で、事実上の差金決済が行われたが、２回目の金利交換（取引開始から半年経過後）までは、Ｘに利益が発生していた。３回目は損失が生じたものの、４回目（取引開始から１年経過後）までの金利交換による損益を通算しても、まだＸに利益が生じている状況にあった。しかし、この間も追加担保は一部が返還されただけであったし、途中解約には多額の解約清算金が必要となる点も変わらなかった。

　以後は、一層の円高が進んで、金利交換のつど、毎回Ｘに損失が生じ、さらなる追加担保も必要になり、２年６カ月が経過して取引が終了した時点では、Ｘは10回にわたる金利交換により、約3000万円の損失を被ることとなった（ＸがＹ証券会社に差し入れていた担保は、取引終了時にすべて返還された）。

153

第2部　各　論

2　受任相談と訴訟の方針

(1)　取引内容の分析・検討

　本件は、対象取引が店頭デリバティブ取引であるだけに、取引内容の分析・検討が何よりも重要であった。

　そこで文献等に基づき検討を行ったところ、本件クーポンスワップ取引は、外形上は円と豪ドルの利息を「交換」するスワップ取引となっているが、顧客の損失に「３倍のレバレッジ」がかかっており、実質的には、二つの通貨オプション取引を想定元本（取引規模ともいえる）が１対３の比率になるように組み合わせた取引であったことが判明した。

　つまり、本件クーポンスワップ取引は、顧客から見て、権利行使価格を１豪ドル93.35円、想定元本を10万豪ドルとする「コール・オプションの買い」取引と、権利行使価格を１豪ドル93.35円、想定元本を30万豪ドルとする「プット・オプションの売り」取引が組み合わされている。そのため、金利交換日（実質はオプションの決済日ともいえる）に豪ドル為替レートが93.35円より円安になれば、顧客は「コール・オプションの買い」取引により、10万豪ドルを対象として「１豪ドル93.35円より円安になった割合」に応じた利益を得られる。逆に豪ドル為替レートが93.35円より円高になれば、顧客は「プット・オプションの売り」取引により、30万豪ドルを対象として「１豪ドル93.35円より円高になった割合」に応じた損失を被ることとなる。そして、このように「金利交換日における顧客の利益を生み出すコール・オプションの買い」の想定元本が10万豪ドルであるのに対し、「金利交換日における顧客の損失を生み出すプット・オプションの売り」の想定元本は30万豪ドルであるため、円高が進んで顧客が損失を被るときには、利益を得る場合の３倍の規模の損失が生じてしまうのである（なお、オプション取引では買主から売主にオプション料の支払いが行われるが、本件においては、組み合わされた二つのオプション取引のオプション料が相殺されて０になるように設計・組成

154

されているため、オプション料の授受は行われないこととなる。このようなオプション取引は「ゼロコスト・オプション」と呼ばれている）。

　しかも、本件クーポンスワップ取引は、108.50円より円安になった場合には取引全体が早期終了する条件が付されているため、顧客に有利な円安方向の相場変動が進んでも、顧客が無限定の大きな利益を上げ続けることはできない。逆に、どれだけ円高が進んでも取引は早期終了しないため、円高方向の相場変動が続けば、顧客は無限定に近い損失を被ることとなる（理論上は、豪ドルが０円になった場合の30万豪ドル×93.35円＝2800万5000円が１回の金利交換時の最大損失となり、これが10回行われるため、２億8005万円が最大損失となる）。

　さらに、向こう２年半にもわたる豪ドル／円の為替相場を予測することは専門家であってもまず不可能であり、しかも豪ドルは米ドルに比べても変動率が高いため、本件クーポンスワップ取引のような取引を、一般顧客が、リスクヘッジ目的ではなく投資（投機）目的で行うことは、極めて危険であった。

(2)　一見有利に見える取引条件と現実のリスクとの関係

　また、前記のとおり、本件クーポンスワップ取引は、１豪ドル104円前後の時期に、１豪ドル93.35円が金利交換に関する損益分岐点となる条件で組成されており、これは一見すれば顧客に相当に有利であるようにも思われた。さらに、本件においては、まだこの損益分岐点を大きく下回る（大きく円高となる）相場変動があったわけではなく、３カ月に１回の金利交換では利益が生じていた時期から、多額の追加担保が請求され、取引をやめたいと申し出たＸが解約を断念せざるを得ないほどの巨額の解約清算金が必要な状態が生じていた。

　これらの点は不可解であったが、為替系デリバティブ取引の仕組みを精査していくうちに、株式等の代表的な金融商品とは全く異なる特殊な商品特性が明らかになるに至った。

155

第2部 各 論

　すなわち、本件クーポンスワップ取引のような為替系デリバティブ取引では、理論価値（時価）の算定に為替フォワードレートが用いられている。この為替フォワードレートは、2通貨の金利差を基礎に将来の一定時点におけるレートを算出したもので、「現在において予約可能な、将来スタートのレート」であるが、円と外貨（本件では豪ドル）の場合は、円の金利が低いため、将来は円高が進んでいくことを前提とした数値となる。本件クーポンスワップ取引において顧客に相当に有利に見える条件の取引が組成されたことには、このような「将来は円高が進む」ことを前提とした為替フォワードレートを用いた計算で取引が組成されていることが大きく影響していたのである。また、前記の「3倍のレバレッジ」も、顧客のリスクを著しく増大させる代わりに、金利交換に関する損益分岐点を円高方向に押し下げ、この損益分岐点だけを見れば顧客にとって有利に見える状況を作出していた。いずれにしても、このような損益分岐点の設定は、デリバティブの理論や計算の上では当然のことで、特に顧客が有利なわけではなく、顧客が負担するリスクに応じて設定されているだけのことであった。

　他方で、追加担保や解約清算金も、理論価値（時価）を基礎に算定されるため、上記の為替フォワードレートや、為替ボラティリティ（為替レートの変動率。これも理論価値（時価）算定の重要な要素となる）といったデリバティブ特有の要素に直接的に影響される関係にあった。具体的には、取引開始後に大幅に円高が進んだ場合、その時点の為替レートや金利差に基づいてあらためて算出された為替フォワードレートや、その時点までの相場変動の大きさを反映した高いボラティリティを用いて、当該取引の理論価値（時価）の算定が行われ、このことが理論価値（時価）の大きな下落を生ぜしめる要因となっていた。このような複雑な仕組みから生じる理論価値（時価）の変動の大きさによって、まだ金利交換に関する損益分岐点を下回らないレベルの円高であっても、多額の追加担保や解約清算金が必要になる事態が生じてしまっていたのである。

第6章　店頭デリバティブ取引の事例①

(3)　検討結果

以上のようなデリバティブ取引に特有の特殊な商品特性は、デリバティブの経験や知識がない一般顧客には容易には理解できないものであり、これらの点について十分な説明がないままで、高利回りで早期終了の可能性が高いとの勧誘を受ければ、一見有利に見える金利交換時の損益分岐点となる為替レートや、取引開始時の為替レートに相当に近接した早期終了条件に目を奪われ、リスクが低く早期終了を期待できる取引であると誤信することは、無理もないものと考えられた。

他方で、顧客たるXは、P外務員の勧誘でY証券会社で取引を開始するまで取引経験がなく、Y証券会社で取引口座を開設してからも、比較的安全性の高い投資信託の取引を行っただけで、以後しばらくは取引を行っていなかった。その代表取締役たるAも、Y証券会社から割当てを受けた新規公開株や新規公募株を購入していた他は、1回あたり100万円以下の規模での上場株式の売買を時折行っていたにすぎなかった。また、為替関連取引については、Xは前記の為替系の仕組債が初めての取引であり、Aは、相続により外債を保有していた以外には為替関連取引の経験はなかった。にもかかわらず、Xは、P外務員から為替系の仕組債の勧誘を受けて購入するや、これを担保として本件クーポンスワップ取引の勧誘を受けて取引に至ったものであった。

このような本件クーポンスワップ取引の商品特性や、顧客側の意向と実情、取引に至る経緯に照らせば、本件は、顧客が株式会社であるとはいえ、適合性原則や説明義務の観点から大いに問題があるものと思われ、Y証券会社に対する損害賠償請求訴訟を提起することとなった。

3　訴訟活動

(1)　訴状と請求原因

以上の検討を経て、平成22年7月、Y証券会社を被告とする民事訴訟を

157

第2部　各　論

提起した。訴状における請求原因は、適合性原則違反および説明義務違反に
よる不法行為に基づく損害賠償請求であり、本件クーポンスワップ取引の10
回にわたる金利交換による通算損失約3000万円に1割の弁護士費用相当額を
加えた金額を請求額とした。

(2)　主張立証上の工夫

(A)　主張立証のポイント

　具体的な主張立証活動においては、何よりも前記のような難解なデリバテ
ィブ取引の商品特性を論証して裁判所の理解を得ることが重要であった。そ
こで、文献等を提出するとともに、可能な限りわかりやすい主張を行うこと
を心がけた。とりわけ、①本件クーポンスワップ取引は、担保による取引で
あるうえに、金利交換に関する損益分岐点は一見すれば顧客に相当有利に見
えるため、リスクを正しく認識し難い面があるが、実際には「3倍のレバレ
ッジ」によって理論上2億8005万円もの最大損失が生じ得る取引であること、
②金融工学を用いた理論価格（時価）の計算により、円高が進むと、金利交
換に関する損益分岐点を大きく超えるような円高ではない場合でも、追加担
保請求を受けることとなり、途中解約するには多額の解約清算金が必要とな
ること（したがって、上記の損益分岐点だけを念頭に置いた相場予測で取引を行
うことは危険であること）を強調した主張を行い、これらの点に関してはX
（その代表者たるA）が理解できるはずもなく、実際にも理解できるような説
明は行われていなかったことを主張した。

(B)　金融庁監督指針の活用

　また、このような最大損失の大きさや解約清算金の問題については、平成
22年4月に改正された金融庁監督指針（金融庁ウェブサイトで閲覧・入手が可
能）の記載内容が極めて有用であるので、これを提出して主張を行った。

　具体的には、同監督指針は、金融商品取引業者の説明責任に関し、「当該
店頭デリバティブ取引の対象となる金融指標等の水準等（必要に応じてボラ
ティリティの水準を含む。以下同じ。）に関する最悪のシナリオ（過去のストレ

158

ス時のデータ等合理的な前提を踏まえたもの。以下同じ。）を想定した想定最大
損失額について、前提と異なる状況になればさらに損失が拡大する可能性が
あることも含め、顧客が理解できるように説明しているか」として、「最悪
のシナリオの下での想定最大損失」の説明を求め、「当該店頭デリバティブ
取引を中途解約すると解約清算金が発生する場合にはその旨及び解約清算金
の内容（金融指標等の水準等に関する最悪シナリオを想定した解約清算金の試算
額及び当該試算額を超える額となる可能性がある場合にはその旨を含む）につい
て、顧客が理解できるように説明しているか」「当該店頭デリバティブ取引
において、顧客が許容できる解約清算金の額を確認し、上記の最悪のシナリ
オに至らない場合でも許容額を超える損失を被る可能性がある場合は、これ
について顧客が理解できるよう説明しているか」として、解約清算金に関す
る説明を求めていた。

　さらに、同監督指針に関するパブリックコメントに対する金融庁の回答
（これも金融庁ウェブサイトで閲覧・入手が可能。「コメントの概要及びコメント
に対する金融庁の考え方（別紙5関係）」（2010年4月16日））では、説明すべき
想定最大損失額の内容（算出方法等）に関してより具体的な見解が呈された
うえで、「想定最大損失額の前提も含め、顧客に対し適切な説明を行うこと
が必要であり、また、データの制約等から、顧客に説明した想定最大損失額
を上回る損失が生じるおそれが残る場合には、その点も含めて説明すること
が必要と考えられます」「こうしたことにより、顧客が『損失を被る可能性』
を具体的に理解できるよう、適切かつ十分な説明を行うことが必要と考えら
れます」との見解が示され、解約清算金の問題に関しても、将来を見越した
試算の困難さを指摘したパブリックコメントに対する回答として、上記と同
内容の説明の必要性が繰り返されていた。

　このような監督指針の改正は、本件クーポンスワップ取引の約定より後に
行われたものではあったが、この監督指針が指摘している説明責任は、決し
てこれまでになかった新たな規制ないし解釈を独自に創造したものではなく、

第2部 各 論

従前からの金融検査マニュアル等の規定を基礎として、デリバティブ関連取引被害の実情や、これらに対する一連の司法判断を踏まえて、デリバティブ関連取引における「あるべき説明義務の内容」を具体化したものであることは明らかであり、その内容は、本件に関しても直接的な影響を与えると考えられた。

(C) 最新の裁判例の活用

以上に加え、本件訴訟提起時には、法人の店頭デリバティブ取引被害に関する顧客勝訴判決は極めて少なく、為替系のデリバティブ取引に関する顧客勝訴判決はほとんど見当たらない状況にあったが（そのため過去の裁判例に関しては、もっぱら仕組債に関する裁判例に依拠して主張を行うこととなった）、訴訟係属中に、本件に関して有効に活用できる裁判例がいくつか現れたので、これらを活用した。

具体的には、株式会社たる顧客の金利スワップ取引に関して中途解約の場合の清算金の説明が極めて抽象的であったことを主たる理由の一つとして説明義務違反を認めた福岡高裁平成23年4月27日判決（判夕1364号159頁）、株式会社たる顧客の通貨オプション取引に関して追加担保に関する説明義務違反を認めた大阪地裁平成23年10月12日判決（判時2134号75頁）、学校法人たる顧客の為替系のデリバティブ取引（本件クーポンスワップ取引に近似していた）に関して解約清算金に関する説明義務違反を認めた大阪地裁平成24年2月24日判決（判時2169号44頁）について、これらの裁判例の情報を入手するや、直ちに判決文を入手して、書証としての提出および主張を行った（なお、金利スワップ取引に関する上記福岡高裁判決は、その後の最高裁平成25年3月7日判決・判時2185号64頁等で破棄されている。しかし、為替系デリバティブ取引の解約清算金の問題に関しては、東京高裁平成26年3月20日判決・金判1448号24頁は、同最高裁判決にも触れつつ、「取引内容やその難解度、想定される損失の程度等が大きく異なる」として、解約清算金の問題につきその算出基準となる時価評価額に関する説明義務違反を認めている）。

160

(3) 裁判所の説得および主張の絞り込み

　Y証券会社作成の本件クーポンスワップ取引の説明資料には、金利交換の際の為替レートの変動に応じた顧客の受取額および支払額の一覧表等の記載があり、Y証券会社からは、これを用いて説明を行ったのだから、X（その代表者たるA）はリスクや生じ得る損失を十分に理解できたとの主張が行われていた。Xとしても、勧誘時にこの説明資料の交付を受け、上記一覧表も呈示されたことは、否定できないところであった（実際には、単に呈示されただけであって、リスクや損失に関する具体的な説明は行われていなかったのであるが、証拠調べ前の段階では、このことを立証することは困難であった）。

　このような実情に加えて、前記のとおり、当時は本件で有効に活用できるような顧客勝訴判決がほとんどなかったもこともあってか、裁判所からは、本件に関しては証拠調べ（原告代表者やP外務員およびQ外務員の尋問）は不要ではないかとの見解が呈され、これによって、裁判所が本件は証拠調べを行うまでもなく請求を棄却すべき事案であると考えているおそれがうかがえた。そのため、直ちに意見書を提出して、他の仕組債やデリバティブに関する事案の審理の実例や、それらと比較しての本件の位置づけ（少なくとも証拠調べも行わずに棄却されるような事案ではないこと）を強く指摘し、さらに同意見書では、当時情報を得たばかりであった前記福岡高裁平成23年4月27日判決にも触れ、その後直ちに同判決を入手して提出した。

　その結果、裁判所は、証拠調べを行わないわけではないとの姿勢に変わったものの、原告側に対し、原告代表者たるAに関してはもちろん、P外務員およびQ外務員に関しても、詳細な尋問事項書を提出するよう求め、さらには、説明義務の対象となる説明事項を特定せよとの指示を行った。

　原告側としては、P外務員およびQ外務員に関して詳細な尋問事項書を提出することは、事前に反対尋問の内容を相当程度明らかにしてしまうこととなる点で訴訟戦術上マイナスであり、説明事項に関しても、必要な主張はすでに行っているつもりではあったが、かかる局面においては証拠調べの実

第2部　各　論

施を確実にすることを優先すべく、裁判所からの要請や指示にすべて従うこととした。

　なお、説明事項に関しては、不法行為としての説明義務違反の判断は総合判断であって、個別的な説明事項の特定にこだわるべきではない旨を主張しつつも、現状を打開するためにはある程度の絞り込みも必要であると考え、「説明に際しての具体的な重要事項」として、以下の事項を指摘する主張を行った（結果的には、かかる主張の絞り込みが奏功し、判決では、以下の①ないし③に関する説明義務違反が認められた）。

①　本件クーポンスワップ取引の一見相当に有利に見える条件の裏には、損失発生時には顧客の損失は3倍となるリスクがあり、反面、一定程度円安になれば取引が終了してしまうため利益は限定されていること。実際の過去の為替レートの変動に照らせば、取引開始後の相場変動により顧客に大きな損失が生じることが、十分あり得ること。

②　過去の豪ドルの推移から見た合理的な前提による最悪のシナリオを想定した場合には、巨額の損失が発生し得ること（したがって、具体的な想定最大損失額を告げて理解させる必要がある）。

③　中途解約すると解約清算金が発生することや、どのような事態になればどの程度の解約清算金が発生するか（上記の最悪のシナリオを想定した試算額を告げて理解させる必要がある）。取引開始後の相場変動によって多額の追加担保が発生するおそれがあり、これを負担することができなくなってしまえば、取引を維持できなくなって解約清算金支払義務が発生するおそれがあることや、どのような事態になればどの程度の追加担保が発生するか（上記の最悪のシナリオを想定した試算額を告げて理解させる必要がある）。

④　利益は限定される一方で、元本の損失は3倍かつ無限定で、上記の追加担保のリスクもあるため、このような非対称的なリターンとリスクを比較して、投資に値するほど有利かどうかを判断することが不可欠とな

162

第6章　店頭デリバティブ取引の事例①

ること。

⑤　上記③の解約清算金や担保の問題によって、不利な事態となったときには中途解約は事実上困難となるため、今後2年半にわたる豪ドル為替相場の変動をあらかじめ予測したうえで、この予測にすべてを賭ける必要があること。

⑥　本件クーポンスワップ取引は被告側で独自に条件を決定しており、かかる条件設定によって被告は利益を得ているため、顧客にとってリスクとリターンが釣り合っているとは限らず、上記④の判断においてはこの点も考慮する必要があること。

(4)　証人尋問

以上の経緯を経て証拠調べが実施されることとなり、原告代表者たるAおよびP外務員、Q外務員の尋問が行われた（集中証拠調べ方式により1日で行われた）。

尋問においては、Aは、本件クーポンスワップ取引のリスクの内容や程度を理解できなかった実情をありのままに供述した。特に強調したのは、Aは多額の追加担保や解約清算金が必要となり得ることを全く意識できておらず、さほど円高が進んだわけではなく金利交換ではまだ利益が出ていた段階から、追加担保が必要と告げられたことに驚き、取引をやめようとしたが、巨額の解約清算金が必要であると告げられて、やめることもできなかったという一連の事実であり、Aは、このような事態が起こり得ることを理解できていれば取引を行わなかった旨を述べた。

また、P外務員への反対尋問では、本件クーポンスワップ取引は、1回だけの勧誘・説明によって事実上取引を行うことが決まったことを事実として固めることで、わずか1回の説明でリスクの内容や程度を正しく理解してその場で投資判断を行えるはずがないことの基礎事実とすることに成功し、追加担保や解約清算金に関しては、その具体的な算定方法を述べさせたうえで、これらは勧誘時に説明されておらず、説明されても顧客が理解できるような

163

第2部 各 論

ものではなかったことを明らかにすることができた。

さらにQ外務員からは、同人は証言時にはすでにY証券会社を退職していたこともあってか、反対尋問によって、ある程度真実に合致した証言を得ることが可能となり、特に、自分は本件クーポンスワップ取引をXに勧めることにやや疑問があった、1回の説明で取引に至るとは思っておらず、本来はもっと説明が必要であると思っていたとの趣旨の証言は、原告側に極めて有利な証言となった。

(5) 最終準備書面

最終準備書面では、以上の証拠調べの結果に基づいて事実関係を論証したうえで、本件クーポンスワップ取引の商品特性とXおよびその代表者たるAの意向と実情に照らせば適合性原則違反による不法行為が成立すること、さらに前記(3)で述べた説明義務の内容に照らし、説明義務違反による不法行為が成立することをあらためて主張した。

4 判 決

判決は、適合性原則違反は否定したものの、本件クーポンスワップ取引がXに完全に適合していたとはいえないとした。

そのうえで、説明義務に関しては、豪ドル／円のレートが円高になった場合にXが被る損失が理論上大きなものとなり得ること、および、現実にXが被る可能性が想定される最大損失額や追加担保の差入れが必要となることの有無およびその条件、さらには、中途解約には解約清算金が必要となるため中途解約が事実上困難なことをも説明すべき義務があったとし、Aに交付された説明資料のリスクに関する記載は具体性に欠けるうえ、P外務員らは、これらの記載につき具体的に言及せず、強気な相場観を有し、近い将来に早期終了すると考えていたため、円高になった場合には損失が大きなものとなることや想定される最大損失額を説明せず、損失が利益の3倍の率で計算されることについても格別強調して説明することをしなかったばかりか、

第 6 章　店頭デリバティブ取引の事例①

追加担保が必要となる可能性があること等についての説明もせず、かえって、直前に購入していた仕組債を担保とすることで、取引の開始にあたって追加の支払いをする必要がないということに力点を置いて勧誘をしたうえ、中途解約が困難であることも説明しなかったとして、説明義務違反を認めた。

5　最後に

デリバティブ取引は難解であるため、顧客代理人たる弁護士も、研究や検討を重ねながら訴訟を進めていくことにならざるを得ない面がある。それだけに、裁判所にすべての問題点について正しい理解を得ることは容易ではなく、付け焼き刃の難解な主張や一方的な主張を繰り返しているだけでは、結局、裁判所の理解を得られず、「株式会社である原告（原告代表者）には、表面的な取引条件は認識できたはずであるから、勧誘に違法性はない」との安易な判断で請求を棄却されることになるおそれがある。

むろん、事案の規模や内容等によっては、専門家の全面協力を得て専門的見地からの商品構造論や取引分析に重点を置いた主張立証を正面から行うべき場合もあり、デリバティブ取引に関する被害救済全般のレベルアップのためにも、このような取組みは不可欠である。しかし、個別事案の被害救済の観点からは、文献等の受け売りにとどまらない、顧客代理人自身が問題点を理解したうえでの自分の言葉によるわかりやすい主張と、当該事案のポイントとなる事実を見極めて当該事実に即した具体的な問題点の論証と説得を行うことが重要であり、さらに、訴訟の終盤においては、審理の状況や裁判所の認識内容ないし理解度に応じて、主張の絞り込みを行うことも必要であると思われる。

本件も、当初段階ではデリバティブ取引の問題全般を広く主張していたが、終盤では前記の経緯により主張を絞り込むとともに、「さほど円高が進んでおらず、金利交換ではまだ利益が出ていた段階から、追加担保が発生し、取引終了には巨額の解約清算金が必要な状況になっていた」という顧客にとっ

165

第2部　各　論

て理解し難い事実（おそらく裁判所にもわかりやすくインパクトを与えることができる事実）を強調することで、不利と思われた状況から、最後には勝訴判決を得ることができた事案であった。

（田端　聡）

〈参考裁判例〉
・大阪地裁平成23年10月12日判決（判時2134号75頁）
・大阪地裁平成24年2月24日判決（判時2169号44頁）
・大阪地裁平成24年4月25日判決（セレクト42巻273頁）
・東京高裁平成26年3月20日判決（金判1448号24頁）

第7章 店頭デリバティブ取引の事例②

第7章 店頭デリバティブ取引の事例②

1 事案の概要

　Xは、関東に本店を有する機械製造メーカーであり、従業員は約80名、資本金は5000万円である。メインバンクのY銀行の担当者Aから、決算書を見せてほしいと頼まれたため見せたところ、AはXが他行において通貨オプション取引を行っていたことを知ったため、Y銀行との間でも同様の通貨オプション取引をしてもらいたいと勧誘するようになった。

　Xの担当者（財務部長）Bは、「当社では外貨取引はないからヘッジの必要がない」「他行で通貨オプション取引を一度行ったことがあるが、それは単なるお付き合いの意味である」と答えて断ったが、Aはなおも勧誘を続け、「毎月10万米ドルを、10年間、1米ドル102円で購入できます。今のレートは124円です。22円も円高になることは滅多にありません。仮に22円以上円高になってもすぐに110～120円まで戻ります。他の会社もみなさん同様の取引をして喜んでもらっています」と、有利な資産運用であると言って取引を勧めてきた。B部長はこれまで貿易実務に関与したことがなく、為替相場の動向にも疎かったため、大手銀行に対する信頼に加えて、Aの勧誘を聞いて有利な取引を勧めてくれたものと軽信し、Y銀行との関係を維持するために応ずることにした。

　ところが為替相場はその後急落し、90円台から80円台を推移するようになったため、Xは3カ月ごとに30万米ドルを102円で購入しなければならず（支払金額3060万円）、スポットレートが90円のときは3カ月に一度360万円の損失が発生するようになった。

　Xは全国銀行協会のあっせん手続を申し立てたが、当時はあっせん手続で銀行が柔軟な解決に応じることはなかったため不調に終わった。あっせん

167

第2部　各　論

手続の中で、Y銀行は「XがC社から仕入れている原材料はすべて輸入されている。Xは原材料を円建て取引で国内業者C社から仕入れているが、仕入価格に米ドル円相場の影響がある」と主張していた。

2　相談および方針決定

(1)　取引内容の聴取

Xの代表者DとB部長に面談し、持参してもらった提案書および契約書を見ながら、商品の仕組みを把握するよう努めた。なお、代表者DはB部長から報告を受けて本件取引をすることを決裁しており、社内手続上は問題なかった。

本件取引は、平成19年9月から平成29年6月まで、3カ月に一度、顧客から見て10万ドルのコールオプション買いと30万ドルのプットオプション売りを、それぞれ行使価格102円で行うものである。コールとプットの組合せが10年間で40回セットになっている。

オプション約定時から各権利行使期日の15時までを観察期間といい、観察期間中に一度でも1米ドルが126円に達したら全ての通貨オプションが消滅するという、いわゆるノックアウト条項がついている。

(2)　取引分析

これをわかりやすく図にすると以下のようになる。

グラフ①は満期の損益図である。102円より円安ドル高であれば利益が生じ、円高ドル安なら損失が生じる。円高ドル安時の損失は3倍レバレッジがかかっており急激に大きくなる。円安ドル高時の利益は、スポットレートが約定時のレートからわずか2円円安になるだけでゼロになってしまう。

しかしオプションの時価は、第1部第4章2(7)(C)「商品特性のポイント」の中で「時価の変動」として述べたとおり、直物為替相場と権利行使価格の差ではなく行使日のフォワードレートと権利行使価格の差が基準となること、為替変動は不確実であるのでボラティリティを考慮する必要があること、円

168

第7章　店頭デリバティブ取引の事例②

〈グラフ①〉　本件オプション取引の満期における損益図

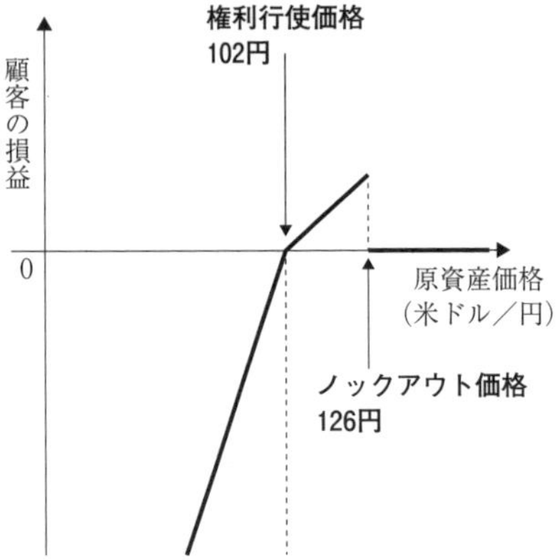

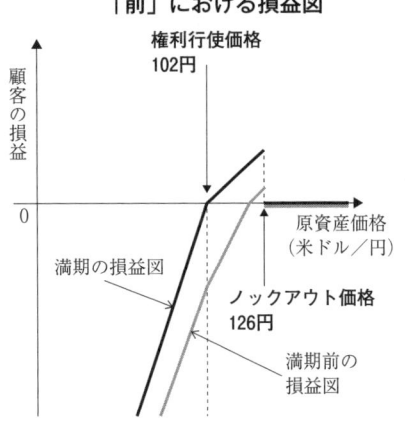

〈グラフ②〉　本件オプション取引の満期「前」における損益図

安方向にはノックアウト条件が付されていること、権利行使価格102円に近づくとマイナスになる期待が生ずること、マイナスは3倍規模であることから、時価は満期の損益よりも大きく下方に位置することになる（グラフ②）。

このように時価を考慮すると、米ドル相場が権利行使価格よりも円安方向にあっても時価はマイナスとなる性質を有していること、

〈グラフ③〉　本件オプション取引の満期「前」における損益図

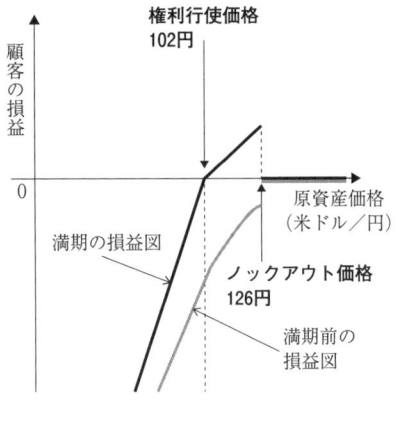

権利行使価格よりも円高になった場合の時価は決済による損失を上回ることがわかる。そのため、満期における損失が生じるようになって解約しようとすると、（多数がセットになったオプションをすべて解約しなければならないので）巨額の解約清算金を請求されることになる。

また、相手方が銀行の場合は担保差入を要求されないことが多い（与信は

169

第2部 各 論

銀行の業務であるし、根抵当権を設定している場合もある）が、相手方が証券会社の場合は通常担保差入を要求される。そしてデリバティブの時価評価が下がり、時価を基準として定められる必要担保額を担保証券の時価が下回ると追加担保の請求を受ける。満期においては利益を受け取ることのできる為替水準であっても、多額の追加担保請求を受けることになるのである。このような時価計算に基づく追加担保請求を受けるリスクにつき、「追加担保がどのような場合に、幾らくらい必要となるか（担保返戻余力がどのような場合に生ずるのかという点も含む。）は、顧客が通貨オプション取引を行うか否かを決定する際に重要な考慮要素となるというべきである」として具体的シミュレーションによって理解させるべき説明義務を認めた判決として、大阪地裁平成23年10月12日判決（判時2134号75頁・判タ1373号189頁）がある。第2部第6章の事例もそうである。

　なお、上記の通貨オプション取引については、さらなる分析を加えたところ、米ドル相場がどのような値をとろうとも時価は常にマイナスであることがわかる場合もあるので専門業者への鑑定を検討すべき場合もある。

⑶　ヘッジニーズがないこと

　本件のようなヘッジニーズの有無が争点となる事案では、ヘッジニーズがないことをあらゆる観点から主張立証する必要がある。そこで、打ち合わせを数回繰り返して、会社の決算書および総勘定元帳、さらには仕入れ先発行の請求書をもとにして、銀行が主張している為替相場の影響が全くないことを裏付ける資料作りをした。すなわち、Y銀行が主張する原材料の仕入れの商流について、Xの仕入れする原材料の仕入れ先ごとに、仕入価格の推移と為替レートの推移を比較対照して、相関関係がないことを明らかにした。

3　方針の決定

　以上より、Xにヘッジニーズがない（間接貿易ではない）ことが明らかになったので、Y銀行と交渉して決済を停止すること、速やかに提訴するこ

第7章　店頭デリバティブ取引の事例②

とを告げて、Y銀行の了解を得（第1部第4章2(5)参照）、訴状を作成して裁判所に提出した。

　訴状の法律構成は、既払金返還を求める根拠として不法行為（適合性原則違反、説明義務違反）、将来のオプション行使による債務を免れるために錯誤無効および信義則違反を主張した。

4　主張立証

(1)　本件通貨オプション取引の危険性、および、説明すべき事項

　本件取引が、長期にわたって原則として解約不可とされる拘束的な通貨オプションを一挙に多数セットにして行うものであること、それゆえ期待と異なる相場変動が生じた場合に被る損失が顧客の想定を大きく超えること、表面的な取引条件だけを理解しても生じうる損失を把握したことにはならないこと、誤解を招きやすい外形があることを明らかにし、時価を基準とする解約清算金の具体的なシミュレーションを示す必要があることを主張した。その裏付けとしては、金融庁監督指針があるが、これは突如出てきたものではなく、古くからデリバティブリスク管理に関して顧客が理解しておくべきものとされてきたことの一部であるから、これに関連する書籍・資料を引用しながら主張することが重要である。

(2)　当社の商流と、当社の仕入価格が為替相場の影響を受けないこと（ヘッジニーズがないこと）

　Y銀行が間接貿易であると主張しているのだから、どの商流の、どの仕入れが間接貿易だというのか、為替変動との相関を何に基づいて認識したのか、ヘッジニーズの量を何に基づいて認識したのかについて釈明を求めてこれを明らかにさせた。

　そして業務日誌、決裁書類などの裏付け書類を提出させた。

　Y銀行は、書面による裏付けは一切取っておらず、すべてB部長からのヒアリングに基づいてヘッジニーズを把握したと主張したので、提出された

171

第 2 部　各　論

業務日誌等の記載が、2 (3)のとおり当社の実態と大きく乖離していることを明らかにした。

(3)　適用法令

なお、平成19年 9 月30日よりも前の取引については金融先物取引法が適用され、同日以降は金融商品取引法が適用される。金融先物取引法では、適合性原則や契約締結前書面交付義務が「一般顧客」に対してしか認められておらず、資本金3000万円以上の株式会社に対してはこれらの義務が適用除外されているが、訴訟においては民法上の不法行為および債務不履行（デリバティブ取引は基本契約を締結したうえで個々の取引を行うから債務不履行責任が成立する）に基づく責任を追及するのであるから、業法上の勧誘規制が適用除外されていることを心配することはない。

5　和　解

本人尋問・証人尋問を経て、裁判所から和解勧告があり、一定の救済を実現することができた。

（中嶋　弘）

第8章　仕組商品（EB債）の事例

第8章　仕組商品（EB債）の事例

1　事例の概要

(1)　属　性

Xは、50歳代の専業主婦であったが、夫が会社を辞めて無収入になり、X自身も平成18年には重病で手術をする状態になっていた。

Xと夫は、両親から約1億円程度の遺産を相続して銀行の定期預金等で保有していたが、Xの家庭はこのように収入がなくなり、虎の子の預金を取り崩しながら生活していたため、これを管理していたXは、少しでも預金の目減りを防ぐため、預金金利の動向に敏感になっていた。

(2)　取引に至る経緯

そのような矢先の平成17年頃、Xは、預金先の銀行の行員から、金利の高い豪ドルの特約付外貨定期預金（仕組預金）の勧誘を受け、複雑な仕組みやリスクを理解しないまま、高い金利で安全でもあるとの説明を信じて、その後、行員から勧められるままに、平成20年頃には約6000万円もの仕組預金を保有するようになった。

ところが、同行員は、これに加えて、平成20年2月末頃、Xに対し、「いい商品がある。私がしてすごくよかった」と言って、銀行2階にあるグループ会社のY証券会社を紹介した。

(3)　本件取引の事実関係

Y証券会社の担当P外務員は、紹介を受けたXに対し、早速、5人で1億円が集まったらできる高金利の商品があるとして、私募のEB債を勧誘した。

Xは、仕組債の取引経験はなく、株式については、平成17年末頃に、別の証券会社で5銘柄程度の株式を購入したことがあったが、日々の株価の変

173

第2部　各　論

動を見ては心配になりパニック状態になったことから、自分達には向かない
と思い、取引開始後1週間ほどの間に全て売却し、それ以外には取引経験は
なかった。

　そのため、Xは、P外務員からEB債の勧誘を受け、その仕組みや内容は
理解できていなかったが、「何か株と関連のある恐い商品」という印象を受
けたため、平成20年3月頃には、いったん断った。

　しかし、同年4月初め頃から、P外務員は、再度XにEB債の勧誘を開
始し、これが高金利で有利であることを強調し、リスクについてはほとんど
触れずに勧誘したため、結局、Xは、同年4月18日に、本件EB債を2口、
2068万円で購入した。

　だが、本件EB債は、同年10月10日頃、ノックインし、同年11月14日の償
還日に株価が下落したM株式で償還された。

(4)　商品の内容

　Xが購入した商品は、他社株転換条項付社債（EB債）と呼ばれる仕組債
の一種で、ある他社株の株価を指標とし、株価が一定の金額（ノックイン価
格）以下に下落した場合、現金ではなく当該他社株で償還されるという契約
条項が付された社債である。本件EB債は、私募債で、条件は次のような内
容であった。

・償還日：6カ月先
・利率：年10％
・転換対象株式：M株式
・転換価格47万円、ノックイン価格32万9000円、ノックアウト価格49万
　4000円
・株式償還：観測期間中に、株価が1回でもノックイン価格以下になり、
　かつ、その後、期限前償還判定日にノックアウト価格以上にならなかっ
　た場合は、株式償還する。1口につき22株（1034万円÷47万円）償還。
・期限前償還条項：期限前償還判定日に株価がノックアウト価格以上にな

った場合は、1口につき券面額100％の現金で期限前償還される。

2 相談および受任

その後、Ｘが購入させられていた仕組預金が、平成20年10月以降、豪ドル安により豪ドルで償還され約2000万円もの含み損を被ることになったうえ、本件EB債でも大きな損失を被り、Ｘの生活資金は激減して危機的な状況に陥った。

そこでＸは、これを契機に、各商品内容を勉強すると、リスクの非常に高い商品を購入時にそれを知らされないまま購入させられていたことがわかり、あまりに酷いので、銀行やＹ証券会社に苦情を述べたが埒があかなかったため、平成21年末頃、弁護士に相談した。

担当弁護士は、仕組預金も含めた取引経緯が非常に複雑だったので、本件EB債の件も含めて、まずは調査案件として受任し、仕組債の内容や事実関係を調査することにした。そしてその間、Ｘの希望により、Ｘ自らがＹ証券会社に対して国民生活センター紛争解決委員会に和解の仲介を申し立てることにし、平成22年8月頃にこれを申し立てたが、Ｙ証券会社はこれに応じず、すぐに決裂した。

そこで、本件は、訴訟をしないと解決しないことが明確になったので、本件EB債につき損害賠償請求訴訟をすることを前提に、事実調査を行うことにした。

3 事実調査

(1) 資料収集

Ｘは、本件EB債に関する資料をほとんど交付されていなかったため、Ｙ証券会社に対して、口座開設申込書、顧客カード、Ｘが同社に差し入れた書面の他、適合性審査書類、接触履歴、電話録音記録、勧誘に関する規則、EB債に関する研修資料等の提出を求めた。

第 2 部　各　論

しかし、Ｙ証券会社は、口座開設申込書、買付申込書、仕組債の説明文書の提出には応じたが、その他の書類は、社内の資料であるとして提出には応じなかった。

(2)　証拠保全

そこで、Ｙ証券会社が提出を拒んだ書類を中心に、平成23年11月、証拠保全の申立てを行った。以前に発令されていた別件の証拠保全決定例を参考資料として複数提出したためか、早期に決定を得ることができた。そして、平成24年1月の証拠保全（検証）期日には、裁判官とともにＹ証券会社に赴き、顧客カード、接触履歴、適合性審査書類等の規則を入手することができたが、電話録音記録は支店にはないとして拒否された。

4　裁判所における訴訟活動

(1)　訴訟提起および請求原因

以上の準備を経て、平成24年3月に、Ｙ証券会社を被告とする民事訴訟を提起した。

違法行為としては、まず、本件 EB 債の商品特性として、プットオプションの売りが組み込まれた債券であり、リスクが高いにもかかわらず、そのことが一般顧客にとって容易には理解できないものであること、リスクとリターンの非対称、償還期限まで中途解約できないので償還時点で株価がどのようになるかを1点読みで予想して全てを賭けることになるという流動性リスクの高さ、隠れた高率のコストが存在すること等、リスクが非常に高いことを強調した。

そのうえで、適合性原則違反と説明義務違反を中心に違法性を構成した。適合性原則違反としては、Ｘは家庭事情から安全最重視の意向を明確に表明していたこと、仕組債の取引経験が全くなく、株式取引の経験もほとんどないことを強調した。

説明義務違反は、信義則上のものと金融商品販売法3条・5条のものを並

176

第8章　仕組商品（EB債）の事例

列して主張した。本件は、Xが、株価が一定以下になると株式で償還されることはわかっていたが、償還される株価が購入価格相当の価値があると認識し、下落した価値しかないものを交付されるとは理解していなかったケースだったので、慎重に主張を構成しないと、元本欠損のリスクを理解していたとされるおそれがあった。そこで、当初は、詳細な内容まで主張せず、P外務員が有利性を強調する説明を行った結果、Xが本件EB債のリスクの質と程度を実感をもって理解できなかったという程度の主張をした。

　損害としては、購入金額と償還された株式の提訴時直近の株価の差額を提訴時点での実損とし、これに1割の弁護士費用相当額を加算して損害額とした。なお、株価は時期によって推移するので、最終的には、口頭弁論終結時の株価をもって損害額を修正して主張する予定であった。

(2)　弁論・弁論準備段階

(A)　事実関係の争点

　これに対し、Y証券会社は、事実関係・法律関係ともに徹底的に争ってきた。

　そして、Y証券会社は、早い段階で、接触履歴と一部の電話録音記録を提出して、自らの主張事実の根拠になると主張してきた。

　双方のやりとりの中で、事実関係では、次のような点が争点となることが見えてきた。

① 　4月14日、Y証券会社でXとP外務員が面談をしたが、次の争いがあった。

〔Xの主張〕 口座開設手続をしただけで、本件EB債の契約締結前交付書面は受領しておらず、その仕組みやリスクの説明は受けていない。

〔Y証券会社の主張〕 同日、契約締結前交付書面を交付し、これに基づいて本件EB債の仕組みやリスクを十分に説明し、Xは購入を決断した。

177

第2部　各　論

　　　　　この日の電話録音記録は、存在しない。

②　4月17日午前9時30分、電話録音記録があり、Xがかけた電話で、P
　外務員が本件EB債について10分余り説明をしている。

　　〔Xの主張〕　この電話で、Xは購入を決断した。

　　〔Y証券会社の主張〕　すでに4月14日の面談時にリスク等は説明済
　　　みで、この電話はその後に訪問することの確認をした程度の意味し
　　　かない。

③　4月17日午前10時30分、P外務員がXの自宅を訪れ、注文書を徴求
　した。

　　〔Xの主張〕　この時は、すでに購入を決定済みで、注文書を徴求し
　　　ただけである。

　　〔Y証券会社の主張〕　この時にも本件EB債のリスクを説明した。

(B)　原告の事実関係および法律上の主張の概要

　Y証券会社は、電話録音記録の存しない4月14日にXと面談して、契約
締結前交付書面を交付して本件EB債のリスクを十分に説明したと主張した
が、その後の4月17日の電話録音記録では、本件EB債が今しかない高金利
の有利な商品だと強調し、株価が3割下がらなければ問題ないとしながらも、
2000万円分の株を資産として持てるという考えであればよいとか、個人的に
はこの水準であればという気はする、うまくいけば3カ月間くらい相場は戻
しそうな気がする等の有利性を強調した発言をし、電話の最終段階でXが、
「一応やってみましょうかね」と承諾をしていた。

　そして、Xは、一貫して、契約締結前交付書面を4月14日には受領して
おらず、同日はわずか30分程度の面談で口座開設手続をするのが主だったの
で、本件EB債の説明はほとんど受けなかったと主張していた。

　そこで、電話録音記録について、一部のものだけではなく、存在するもの
全てを提出するよう何度も求めたが、Y証券会社は、銀行内に間借りして
いる形態の店舗では、受電は録音されるが、架電は録音される体制になって

178

第8章　仕組商品（EB債）の事例

おらず、これ以外のものはないとして、提出しなかった。

　弁論・弁論準備期日は、約17回行われ、その間、上記事実関係の主張の他、仕組債の総論的な問題点、主な判例とその分析、金融庁監督指針により仕組債についても店頭デリバティブ取引と同様の説明責任があるとされたことから、過去のストレス時のデータ等を踏まえた最悪のシナリオを想定した最大損失額を顧客が具体的に理解できるように十分に説明することが必要であることに加え、指導助言義務の主張もした。

(C)　金融工学に基づく分析の提出

　仕組債は、複雑なデリバティブが組み込まれた債券であり、その条件、発行時の株価、為替の状況、変動要因等をもとに、金融工学に基づいて、ノックインや期限前償還する確率等を分析する手法があり、原告側の依頼を受ける専門的分析業者が複数存在する。

　そこで、本件でも、本件EB債の内容について金融工学に基づく分析を依頼した結果、本件EB債がノックインして満期償還になる確率が39.26％、その場合の償還元本の期待値は67.01％程度、元本が60％以下になる確率は13.03％であること等の分析結果を得た。そこで、これに基づき、本件EB債は、非常に大きな損失可能性を内包する取引であり、わずかなリターンを得るか大きな損失を被るかのどちらか二つに一つであり、まさにプットオプションのリスクとリターンの非対称性が現れていることを強調し、Y証券会社はこのような場合の想定最大損失を説明すべき義務を有する旨の主張につなげた。

　ただし、金融工学に基づく分析は、被告側から、かかる分析は、あくまで金融工学の一手法を用いた理論値やシミュレーションにすぎず、実際の相場がそれに従った変動を見せるわけではないから意味がない旨の主張がなされるので、原告側としては、本件EB債のリスクを根拠づける補助的な位置づけとして考えておくべきで、この分析結果に頼り切ってはいけないと考える。

179

第 2 部　各　論

(D)　時系列表と争点整理案

　裁判所は、双方の主張が複雑になったので、年月日ごとに原告の主張と書証および被告の主張と書証をエクセルで一覧表にした時系列表の作成を求めたので、双方が協力してこれを作成した。しかし、金融商品取引訴訟では、概して被告側に書証が多く、原告側の立証は、原告本人の供述や来るべき外務員尋問の反対尋問での成果に負うところが多いので、このような一覧表は、原告側の証拠が不足していることが明らかになることが多く、あまり好ましくないように思われる。

　本件では、裁判所は、争点整理案を作成した。原案段階で双方に示し、双方から補充の意見等を得たうえで完成した。争点整理案は、原告側からすると、裁判所が従前の主張を正確に理解しているかを確認するためには有益で、ここで重要な主張を正確に記載していない場合は、裁判所の理解が十分でないので、修正して重要な点を補充主張して理解を得る機会となる。ただし、証人尋問で行う反対尋問とその成果を踏まえた最終準備書面の内容が、争点整理案の枠組みにより制約されるおそれもあるので、争点整理のまとめの段階でこの点も見据えて慎重に検討しておく必要がある。

(3)　証人尋問

　以上を踏まえて、Xの原告本人尋問とP外務員の証人尋問が行われた。

(A)　原告本人尋問

　Xは、記憶については極めて細かいところまで明確で一貫しており、むしろ担当弁護士がこれに教えられて事実関係の主張を展開してきたほどなので、その点の心配はなかったが、この間に重病が再発して相当悪化していたので、尋問に耐えられるかどうかが心配であった。しかし、Xは、最後の気力を絞って立派に供述をした。

(B)　P外務員の証人尋問

　P外務員の陳述書では、予想どおり、前記事実関係のうち、4月14日に契約締結前交付書面を交付し、Xにその内容を説明してリスクをしっかり説

第8章 仕組商品（EB債）の事例

明した旨の内容になっていた。

これに対して、同日のやりとりは原告本人尋問で反駁する以外に客観証拠がないので、担当弁護士としては、反対尋問をしても言った・言わないで逃げられるおそれが高いことから深入りしないことにし、P外務員に対しては、本件EB債の商品特性上のリスクを認めさせ、事実関係としては、録音記録のある4月17日のやりとりを中心に尋問する方針で臨んだ。

当日のY証券会社の主尋問は、やはり4月14日のやりとりが中心であった。そこで上記方針どおり反対尋問に臨んだところ、P外務員は、商品特性については、本件EB債にプットオプション取引が内包され、その対価として高利の利金が得られること、ボラティリテイ（株価変動率）が大きいものはノックインする可能性が高いこと、満期までの半年先の株価の変動を予測して投資判断する必要があるが、プロでもその予測はできないこと等を認めた。事実関係については、Xが株に慣れていないことを理由に3月にいったん勧誘を断ったこと、しかし4月以降にY証券会社側から再度EB債の勧誘を始めたこと、4月17日の電話の最後の段階でXが購入を決断したことに加え、電話録音記録に出てきた有利性を強調する発言についてはこれを認める方向の証言を重ねた。また、接触履歴の4月14日分で、その日に契約締結前交付書面を交付したと記載されている分は、4月18日に入力されたことを認めた。

以上により、反対尋問をした部分は、相応の成果を得たが、4月14日の部分についてはほとんど触れなかったので、この部分の主尋問証言を弾劾していないことの問題性が残った。

(4) 最終準備書面

証人尋問終了後、裁判所から和解勧告があったが、Y証券会社が応じず、裁判所も積極的でなかったので、和解は決裂した。

そこで、証人尋問を踏まえた事実関係を詳細に論証し、これに基づいて、商品特性、適合性原則違反、説明義務違反、指導助言義務違反等の法的主張

181

第2部 各 論

を整理した最終準備書面を提出した。最後に、4月14日に契約締結前交付書面は交付されていないが、仮に交付されていたとしても、最終的にはXは4月17日の電話勧誘によって購入を決断したのであり、大阪地裁平成23年12月19日判決（金判1385号26頁）、東京高裁平成23年10月19日判決（金法1942号114頁）の枠組みである「有望性ないし有利性を一方的に強調して宣伝される反面、顧客にとってリスクが陰に隠れ、意識しにくくされてしまうおそれがある」勧誘であって、リスクの内容と程度を実感させる説明ではなかったという意味で説明義務違反が認められるという理論を強調した。

(5) 判 決

平成27年4月、判決が言い渡された。判決は、P外務員の証言に信用性があるとし、基本的にその証言に依拠して、4月14日に契約締結前交付書面を交付して本件EB債のリスクをXに十分に説明したと認定し、請求棄却であった。

5 控訴審における訴訟活動

(1) 控訴理由書

十分な努力をした1審での訴訟活動に対する敗訴判決で、金融商品取引訴訟の難しさをあらためて感じたが、Xは、病状はさらに悪化していたものの、1審判決の誤りを正してほしいと強く希望していたので、病床にあるXの無念を晴らすべく、控訴審にチャレンジすることにした。

そこで、1審判決を熟読して攻め口を考えていたところ、Xに不利な事実認定の中で1点、Xが、4月14日にP外務員の説明を聞いて本件EB債の買付けを含めて今後検討したい旨述べたとの事実認定がなされていた点に着目した。つまり、1審判決の認定によっても、4月14日時点では購入を決断したとは認定しておらず、いまだ検討中と認定されていた。すると、Xが購入を決断したのは、電話録音記録が存する4月17日になるのである。

そこで、本件EB債の有利性を強調した電話録音記録が存する4月17日の

182

第8章　仕組商品（EB債）の事例

電話でXは購入を決断させられたとの位置づけをあらためて強調すること
にし、原判決の認定によっても4月14日の面談ではXはいまだ検討中で決
断しておらず、4月17日の電話により、P外務員が、本件EB債が有利でリ
スクもあまりない旨の勧誘を繰り返した結果、電話の最後に、ついにXに、
そのような有利なものなら「一応やってみましょうかね」という気持ちにさ
せ、最終的に、取引をする前提で、P外務員の来訪を承諾させたことを事実
関係の骨格とすることにし、このストーリーに基づく主張を詳論した。勧誘
文言については、電話録音記録に保全されており、本件EB債の有利な側面
ばかり強調して説明し、反面としてのリスクをあえて明確に告げず、陰に隠
すようなものであったことを十分に押さえることができた。また、上記のよ
うな4月17日の電話録音記録におけるP外務員自身の発言内容（この日はリ
スクをほとんど説明していない）からすると、4月14日に逆にリスクを十分説
明をした旨の同人の証言は、これと整合せず、信用できないことを強調した。

　さらに、契約締結前交付書面が4月14日に交付されていないことについて、
4月14日に作成された口座開設申込書に「上場有価証券等書面の契約締結前
書面受領」（本件EB債のものではない）という記載があるが、本件EB債の
それの受領の記載はなかったこと、4月14日の接触履歴が二つあり、当日に
入力されたものには、同様に「上場有価証券等書面の契約締結前交付書面を
受領した」との記載はあるが、本件EB債のそれの受領の記載はなかったこ
と、逆に4月18日に入力した接触履歴には、4月14日に本件EB債の契約締
結前交付書面を交付した旨の記載を入力しているが、4日も後にすでに4月
14日の分の接触履歴はあるのに同じ日の分の接触履歴を重ねて入力したのは、
日付を遡らせて事実関係を糊塗した疑いが強いこと等を主張した。

　以上の他にも、償還株式数の問題等も含め、法律論や商品特性についても
再論し、70頁程度の渾身の力を注いだ控訴理由書をまとめて提出した。

　これに対して、Y証券会社が答弁書を提出してきたが、初回期日に間に
合うように、さらに力を振り絞って反論書を提出した。

183

第2部　各　論

(2)　控訴審判決

ところが、この間の平成27年8月初めに、病床にあったXは、ついに力尽きて他界された。そこで、Xの遺志を受けて、人事を尽くして平成27年9月の控訴審の弁論期日に臨んだところ、初回期日に結審することになった。同日、裁判所から和解勧告がなされ、裁判所の感触は悪くなかったが、Y証券会社は和解に応じなかった。

平成27年12月、判決が言い渡された。弁護士は、通例は判決期日には出頭しないが、この日は早く結論を知りたかったので、判決を聞きにいった。すると、何と、過失相殺もなく、逆転全面勝訴の判決が言い渡されたのである。

判決文を確認すると、控訴理由書で力を注いだ点が十分に受け止められ、契約締結前交付書面が4月14日には交付されておらず、注文後の4月18日に交付された事実が認定されていた。その中心的な理由として、P外務員が4月18日に入力して、4月14日に本件EB債の契約締結前交付書面をした旨の記録を残した点が、作為的なものと疑う余地があると判示され、その点がP外務員の証言の信用性全般に影響を及ぼしていることがうかがえた。そして判決は、4月17日の電話勧誘についても、株式償還になった場合の計算方法やXの損失がどの程度になりそうなのかについて具体的な説明をしておらず、結局、契約締結前交付書面の交付をせず、かつ、株式償還による元本欠損のおそれや元本欠損が生じる仕組みの重要部分を説明していないと認定し、金融商品販売法3条1項1号および2項による説明義務違反を認めた。さらに、Xは、本件EB債のリスク等についてきちんとした説明を受けていれば、大きな損失を被るおそれのある本件EB債を購入することはなかったと認められるとして、同法5条により本件EB債が株式償還されたことによる損害の賠償が認められた。

6　最後に

本件は、結局、事実認定の見直しに重点を置いたことが功を奏し、これが

結論に決定的な影響を及ぼすことになったものである。弁護士としては、どこを中心に攻めるかという見極めと、諦めずに一つひとつを丹念に主張立証することが重要であることを、あらためて認識させられたものである。

（松田　繁三）

〈参考裁判例〉
・東京高裁平成23年10月19日判決（金法1942号114頁、セレクト41巻50頁）
・大阪地裁平成23年12月19日判決（判時2147号73頁、金判1385号26頁、セレクト41巻80頁）
・大阪高裁平成27年12月10日判決（金判1483号26頁、金法2036号94頁、セレクト50巻35頁）

第2部　各　論

コラム①　仕組商品とは――EB を例に

■店頭デリバティブ取引の組み込み

　仕組商品とは、店頭デリバティブ取引を他の金融商品に組み込んだものをいう。社債や預金に組み込んだものもあれば（仕組債、仕組預金）、仕組債で運用する投資信託で仕組債と同様の商品性を有するものもある。日本証券業協会では仕組商品を「店頭デリバティブ取引に類する複雑な商品」と呼んでいる。店頭デリバティブ取引は金融工学を用いて自由に作ることができるため、仕組商品も無限のパターンで存在しうる。

■満期における損益グラフの特徴

　その中で最も多いのはオプション取引を組み込んだものである。たとえば次のような仕組債であるとしよう。A 会社の額面1000万円の債券、満期は 6 カ月後、利息は15万円、満期前日の P 社株の終値が 5 万円以上であれば元金は1000万円で償還、しかしそうでなければ元金は P 社株200株で償還、途中解約は原則不可、というものである。いわゆる EB（Exchangeable Bond；他社株償還条項付社債）である。満期時の損益は次のグラフのとおりとなる。

　　【満期における損益グラフ】

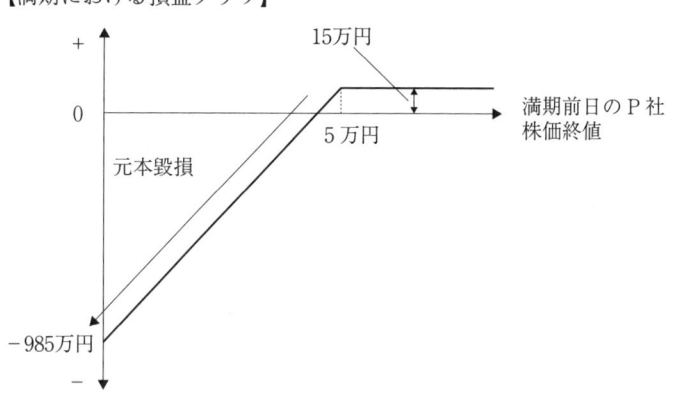

186

第 8 章　仕組商品（EB 債）の事例

　このグラフは、満期前日の P 社株の終値が 5 万円のところで折れているのが重要である。つまり、その値が 5 万円以上であれば15万円のみの益となるが、5 万円を割り込むとその割り込んだ割合に比例して（含み）損が発生する。たとえば 4 万円にまで割り込むと（5 万円 − 4 万円）× 200株＝200万円の損を抱え、3 万円にまで割り込むと（5 万円 − 3 万円）× 200株＝400万円の損を抱えることになる。このグラフは、15万円のオプション料を受け取って、権利行使価格が 5 万円の P 社株200株のプットオプション売り取引を行ったときの損益グラフと同じ形をしている。このことからオプション取引が組み込まれていることがわかる。

■金融工学を用いた分析の必要性

　このように、仕組商品は、顧客がオプションの売り取引をさせられて、大きなリスクを負担する仕組みのものが多い。損益グラフはそれを知る重要な端緒であるが、より正確には金融工学を用いた分析が必要になる。訴訟においてどこまで詳細な分析が必要になるかは事案によって異なるが、仕組商品が複雑化した現在ではその分析は一筋縄でいくものではなく、少なくとも、金融工学の知識を有した専門家の分析や助言を得ることは重要である。

（今井　孝直）

コラム②　仕組債のバリエーション

　コラム①で例に挙げた仕組債（EB）の条件を少し変えてみよう。A 会社の額面1000万円の債券、満期は 6 カ月後、利息は15万円、満期前日の日経平均株価終値（仮に「P」とする）が 1 万5000円以上であれば元金は1000万円で償還、しかしそうでなければ元金は、

$$1000万円 \times \frac{P}{15,000}$$

の現金で償還、途中解約は不可、としよう。これは日経平均株価に連動する仕組債である。

第2部 各 論

【満期における損益グラフ①】

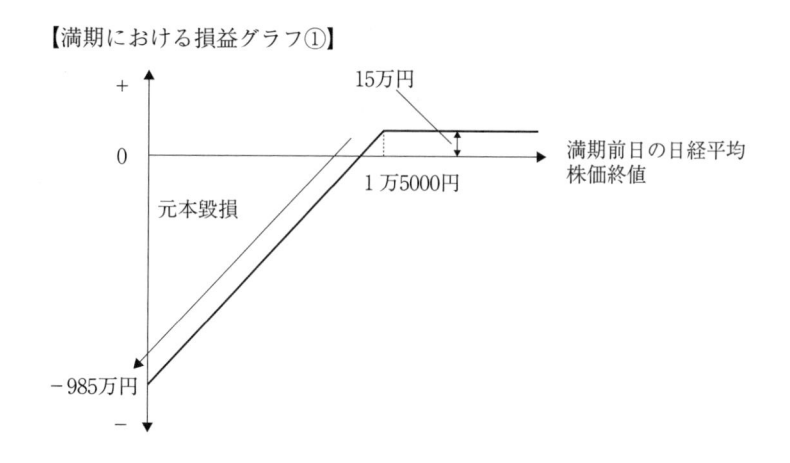

このグラフも満期前日の日経平均株価終値が1万5000円のところで折れているのが重要である。すなわち、15万円のオプション料を受け取って、権利行使価格が1万5000円の日経平均株価のプットオプション売り取引を行ったときと同じ損益グラフである。

■レバレッジ型

さらに、2倍のレバレッジが掛けられ、元本毀損の割合が急激なものも作られている。たとえば次のような日経平均連動債である。A会社の額面1000万円の債券、満期は6カ月後、利息は15万円、満期前日の日経平均株価終値（仮に「P」とする）が1万5000円以上であれば元金は1000万円で償還、しかしそうでなければ元金は、

$$1000万円 \times \left\{ 1 + \frac{2 \times (P - 15{,}000)}{15{,}000} \right\}$$

の現金で償還（ただし最小値はゼロ）、途中解約は原則不可というものである。満期時の損益は次のグラフのとおりとなる。

188

第 8 章　仕組商品（EB 債）の事例

【満期における損益グラフ②】

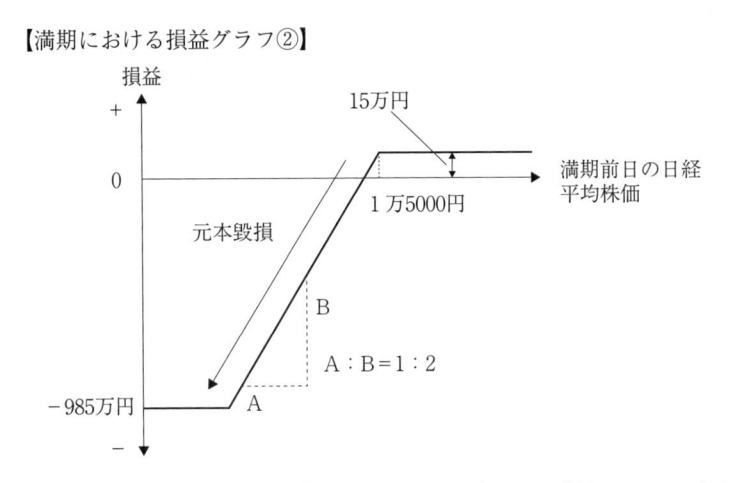

　このグラフも日経平均株価終値＝ 1 万5000円のところで折れていることから、日経平均株価のオプション取引が組み込まれていることがわかる。そして、数式の中の「 2 ×」の部分により、元本毀損の部分のグラフの傾きがグラフ①の 2 倍となっているわけである。つまり、元本毀損のおそれは格段に増大している。

■**理解困難なリスク**

　このように一口に「A 会社の額面1000万円の仕組債」といっても、内在するリスクは一つひとつ全く異なってくる。コラム①で述べた EB にしても、例示したのは P 社株価のみ参照する仕組みであるが、さらに Q 社株も加え、「P 社株価、Q 社株価のうち株価がより下落したほうの株式で償還する」と少し変更するだけでもリスクは飛躍的に増大する。

　仕組債への投資判断は、結局、こういったリスクと得られる利益とを天秤にかけるということであるが、一般投資家にはそもそもリスクが大きいのか小さいのかもよくわからない、あるいはリスクはあると抽象的にはわかっていてもその程度（大きさ）を実感できないというのがほとんどである。A 社の信用格付がよければ安心するというのが多くの一般投資家の心理であり、仕組債はそのような心理を巧みに利用した金融商品といえよう。

（今井　孝直）

第2部 各 論

第9章 ノックイン投信の事例

1 事例の概要

　一人暮らしの高齢の女性であるXは、平成20年3月から9月にかけて、預金先のY銀行のP支店長らから訪問勧誘を受け、4回にわたり、いずれも同行に預けていた預金を原資として、各500万円・合計2000万円で、いわゆるノックイン型投資信託（ノックイン条件付日経平均連動債を運用対象とする仕組投資信託。以下、「ノックイン投信」という）を購入し、その後の株価下落で損失を被った。

　最初に購入されたものを例として本件投資信託の概要をみると、3年の償還期間に、日経平均株価が購入時の65％以上ならば、元本全額が償還されて一定の分配金等（実質は仕組債の利金）が入るが、一度でも65％未満に下落すれば、償還時の日経平均株価の下落割合に応じた元本割れの損失が生じ、かつ、日経平均株価がいかに上昇しても元本を超える価額で償還されることはなく、あらかじめ目標として設定された分配金等しか得られない（3年間保有した場合、分配金合計は元本の6.66％）というものであった。また、日経平均株価が一定額まで上昇すると早期償還により終了する条件も付されていた。

　Xは、約5000万円の預貯金と、年金以外に月80万円程度の賃料収入を有していた。亡夫から相続した株式を売却した以外には株式取引経験はなく、以前に他の銀行から投資信託を購入したことがあったものの、それを投資信託と認識できておらず、これら以外に投資経験はなかった。

190

第9章　ノックイン投信の事例

2　受任相談と訴訟の方針

(1)　問題の発覚と抗議

本件は、X が、しばしば X 方を訪問していた次女 A に対し、「銀行から書類に印鑑を押すよう言われている。その書類に書いてある金額を見ると、私が銀行に預けた金額より、なぜか減っていた」と不安を漏らしたことから発覚した（後に判明したところでは、この書類は、損失が生じていた本件投資信託を売却して、別の投資信託に乗り換えるための書類であった）。

A は、X 方に保管されていた取引の資料を見て驚き、Y 銀行の担当者と面談して事情を聞いたうえで、抗議を行った。以後、X と A は、何度か Y 銀行と協議を行ったが、結局、銀行側は一切の責任を否定した。

(2)　訴訟提起の決断

以上の経緯により、平成21年１月に X および A から相談を受け、まずは X が Y 銀行から受領して保管していた説明資料等によって、取引内容や本件投資信託の商品特性の調査を行い、そのうえで、解決に向けての方針を検討した。

その結果、投資信託や日経平均連動債をはじめとする仕組債についてはすでに先例となる裁判例が複数存在しており、さらに、インターネット等で調べたところ、ノックイン投信の被害は大きな問題となっていた（平成21年１月には、国民生活センターがそのウェブサイト等で消費者への注意喚起を行っていた）。しかし、当時は、ノックイン投信に限らず、銀行が投資信託被害で敗訴した例は見受けられず、X らの抗議に対する銀行側の対応とあわせ考えても、銀行が任意の示談や ADR による解決に応じるとは容易には考え難い状況にあった。そこで直ちに訴訟を提起することとし、X および A に以上の点の説明を行って、了解を得た。

また、本件は、X の属性等に照らして相当に極端な内容を有する事案と思われたところ、高齢の X の精神的な安定のためにも、多発していた同種

第 2 部　各　論

被害の解決に少しでも貢献するためにも、早期に判決を取得することが重要
であると考えられた。そのため、受任後速やかに訴訟提起を行うとともに、
仕組商品一般の問題を深く掘り下げることに拘泥せずに、ポイントを絞った
訴訟活動を行う方針をとることとした。

3　訴訟活動

⑴　訴状と請求原因

　平成21年 2 月に Y 銀行を被告とする民事訴訟を提起した。請求原因は、
主位的請求として契約不成立ないし錯誤無効による預金払戻請求、予備的請
求として不法行為による損害賠償請求の 2 本立てとした。

　主位的請求は、本件は極端な事案であると考えられたため、X が本件投
資信託の元本割れリスクを全く認識できておらず、「投信委託会社が発行す
る投資信託」を購入する認識すらなく、Y 銀行の元本保証商品に資金を預
けたとの認識しかなかった点を直截に法律構成に反映させることとし、そも
そも投資信託を購入する契約が成立しておらず（契約不成立）、仮にそうでな
いとしても要素の錯誤により契約は無効であるとして、本件投資信託の購入
代金にあてられた預金の返還を求めることとした。

　また、予備的請求として、金融商品取引被害訴訟における典型的な法律構
成である適合性原則違反および説明義務違反による不法行為に基づく損害賠
償請求も行った。なお、訴訟提起時には、本件投資信託は四つとも保有中の
状態にあったため、Y 銀行のウェブサイトに掲載されていた直近の基準価
額によって損失（評価損失）を算定し、これらの合計額に 1 割の弁護士費用
相当額を加えた金額を、損害額（請求額）とした。

　ただし、以上のうち主位的請求は、本件投資信託の購入に関して X が購
入申込書等に署名押印していたことなどもあって、実際の訴訟の審理におい
てはさほど重視されず、実質的には予備的請求たる不法行為の成否に焦点を
あてた審理が行われることとなった（そこで、以下においても、不法行為に関

192

する審理や主張立証についてのみ論じることとする)。

(2) 商品特性上の問題点の主張

　本件投資信託は、仕組債（日経平均連動債）を唯一の運用対象とするもの
で、日経平均株価の水準によって生じる当該仕組債の損益が、本件投資信託
の損益に反映される仕組みとなっていたが、銀行が販売する投資信託である
ことによる独自の特性や問題点も有していた。そこで、まずは、顧客勝訴の
前例がある日経平均連動債や EB といった株式系の仕組債につき、プットオ
プションの売りが組み込まれた構造に遡って、その商品特性上の問題全般を
論じ、そのうえで、投資信託であることによる特性を論じることとした。た
だし、前記のとおり、本件は極端な事案であり、早期に判決を取得すること
が重要であると考えられたため、比較的裁判所に理解されやすいと思われる
点にポイントを絞った主張を行った。その結果、商品特性上の問題点の主張
は、最終的には以下のような内容となった。

(A) 誤解を招きやすい商品特性

　投資信託は、商品内容が多種多様で商品ごとのリスクの有無や程度はわか
りにくく、中には安全性の高い貯蓄型商品もあるため、一般顧客には安全と
誤解されやすい商品である。本件投資信託も、そのカタカナの商品名からは、
それがいかなる商品でいかなるリスクがあるのか、全く不明である。

　また、本件投資信託の運用対象である日経平均連動債も、「格付けの高い
確定利回りの債券」となっており、そのため本件投資信託は、「格付けの高
い確定利回りの債券で運用する投資信託」という、中期国債ファンドや
MMF などと変わらない外形を有するに至っている。本件投資信託の説明資
料においても、「高格付の公社債」への投資を行う旨の記載が随所でなされ、
かつ、投資信託であるのに目標利回りが当初から設定されて説明資料に記載
されており、これらの点も、確実な確定利回りの公社債で運用する安全性の
高い商品との印象（誤解）を与える要因となっていた。

193

第 2 部　各　論

⒝　銀行が販売する商品であることによる信頼と誤解

　上記のような特性を持った本件投資信託を、銀行が預金者に対して勧誘・販売するとき、銀行への絶大な信頼を背景に、預金者が預金と変わらない安全な商品であるとの誤解を招くおそれは極めて高くなる。本件投資信託の「償還期限があり定期的に分配金を受領できる」といった仕組みや用語は、定期預金の「満期があり定期的に利息を受領できる」仕組みと近似しており、それだけに銀行が預金者への勧誘・販売を行うとき、素人顧客には預金との異同がわかりにくいものになるという特質も指摘することができる。

⒞　一般投資家には適合しないリスクの高さと難解さ

　本件投資信託は、以上のように安全であると誤解されやすい特性を持つ一方で、相当にリスクが高く、周知性のない極めて難解な商品構造を有しており、素人顧客が合理的かつ主体的な投資判断（自己責任による投資判断）を下すことが到底不可能な商品であった。

　すなわち、本件投資信託は、特定の日経平均連動債だけを運用対象としているため、「プットオプションの売り」と同じく、①リターンはクーポン（本件投資信託でいえば分配金）に限定され、株価がいかに上がってもそれ以上の利益は得られないのに、株価の下落に連動した大きな元本毀損のリスクがあり、②株価変動率が高い（株価変動リスクが高い）からこそ、その対価として通常の高格付の債券をはるかに上回るクーポンが設定されている、との特性を有している。

　しかも、本件投資信託の損失の有無は、３年後の償還時の日経平均株価によって定まるため、購入するか否かを自己責任で決するには、以上の商品特性を完全に理解し、かつ、日経平均株価のこれまでの推移を熟知して将来予測についても主体的な相場観を持ったうえで、３年後の日経平均株価を予測し、リターン（分配金のみ）とリスク（株価下落による元本毀損リスク）を比較して、購入することが有利であるとの判断をなし得ることが必要である。

　しかし、このようなリターンとリスクの関係を素人顧客が理解すること自

第9章 ノックイン投信の事例

体が困難であるうえに、「3年後の株価」を合理的根拠をもって主体的に予測することなど、プロであっても絶対に不可能であり、これはもはや投資というより賭博に等しいものとなる。積極的な勧誘行為によって素人顧客にかような賭博をなさしめることなど、決して許されるものではない。

(D) リスクとリターンおよびコストの関係の不合理性（業者側にとっての旨み）

本件投資信託のリスクとリターンおよびコストの関係は、業者側にだけ旨みのあるもので、顧客にとって著しく不合理な内容となっている。

すなわち、本件投資信託は、特定の日経平均連動債だけが運用対象であって、日経平均連動債そのものを購入する場合と大差ないにもかかわらず、専門家による適宜の分散投資が行われる通常の積極運用型投資信託と同様の、高率の手数料や信託報酬が抜かれることになっている。他方で、本件投資信託は、運用対象である日経平均連動債の特性を反映して、リターンは分配金だけであるうえに早期償還条項が付されており、得られるリターンは限定的であった。にもかかわらず、日経平均連動債においては、商品設計時に算定される「株価変動リスクに見合うリターン（クーポン）」から、設計・販売のコスト（業者の利益を含む）が控除される仕組みとなっており、さらに本件投資信託においては、上記の投資信託としての高率のコストが加わることとなって、購入者が得られる実際の利益は大きく減少していた。

このように、本件投資信託においては、もともと限定的な利益が、業者側の利益に食われて大きく減少し、購入者が背負う向こう3年間の株価下落に応じた元本毀損のリスクとは到底見合わないものとなっていたのであり、しかもこのことは、素人顧客には到底認識できるものではなかった。かような不合理な商品を、銀行の信頼を背景に、預金者たる素人顧客に「有利な商品」として勧誘することは、許されないというべきである。

(E) 流動性リスクと価格情報の問題

本件投資信託は、市場がなく流動性を欠く日経平均連動債の特性を反映し

195

第 2 部　各　論

て、月に 1 日のあらかじめ定められた日にしか解約できない商品となっており、相場が大きく変動しても売りたいときに売れないという、重大な流動性リスクを有していた。しかも、日経平均連動債自体に市場価格がないため、本件投資信託の価格が何に基づいて算定されているのか不明であり、その公正さには疑問があるうえに、素人顧客がかかる価格変動を予測したり、価格情報を入手すること（新聞等には掲載されていない）自体が、極めて困難であった。

(3)　顧客の属性等

　顧客たる X の属性等については、受任直後から継続的に X および A からの事情聴取を行い、X の生活状況（健康状態や判断能力を含む）、資産および収入の状況、取引経験等を具体的に確認していった。幸い、A が精力的に裏付け資料の収集に奔走してくれたことから、これらの点については具体的な主張や裏付けとなる書証の提出を行うことが可能となった。

　とりわけ取引経験については、A において他社でも危険な取引が行われていなかったかを徹底して調査した結果、X には過去に亡父から相続した株式を証券会社で売却した経験があったものの、他には当該証券会社で取引を行っておらず、売却も事実上子どもらに任せていたこと、他の銀行で投資信託の購入経験があったが、X にはそれが投資信託であることの意識は全くなかったことなども、あらかじめ知っておくことが可能となり、これらの点を意識した主張立証を行うことができた（実際にも、Y 銀行が訴訟において提出した取引関係資料には、X に投資信託の取引経験があることが記載されていた）。

(4)　内部資料の提出

　本件に関して証拠保全は行わなかったが、本件は投資経験が乏しい高齢者に仕組商品が販売された事案であることから適合性の問題が最も重要となるため、訴訟提起後に、適合性審査に関する内部基準や審査書類の任意の提出を求めた。任意の提出が行われない場合には文書提出命令申立てを行うべく、

196

第9章　ノックイン投信の事例

その準備も行っていた。しかし、裁判所から任意の提出を促す訴訟指揮が行われたこともあって、文書提出命令申立てを行うまでもなく、Y銀行から、リスク商品の販売基準（適合性基準）や本件に関する面談記録などが提出された。

　これらの文書から、本来、Y銀行の内部基準では、Xのような高齢者への勧誘による販売はできなかったにもかかわらず、Xからの申出として処理することで販売を可能とする扱いがとられていたことや、原則として家族の同意や同席が必要であったにもかかわらず、これを怠っていたことがうかがえた。

(5)　証人尋問

(A)　原告側

　Xは高齢であり、記憶喚起や裁判所での供述にやや不安があったため、陳述書作成から尋問に至る時期には、Aの協力も得て、Xとの長時間の打合せを何度も行った。この段階までには、X側の諸事情に関してはAが収集してくれた資料があり、取引の経緯等についても、Xが取引時に署名捺印させられていた各種書類などの資料が書証として提出されていたため、これらの客観的資料を基礎に記憶喚起を行うことができた結果、Xは、主尋問のみならず反対尋問に対しても、自信を持った具体的な供述を行うことが可能になった。

　原告本人尋問においては、Xが、Y銀行からの勧誘をどのように受け止め、本件投資信託をどのようなものと認識したのか、購入申込書等の書類はどのような状況下でどのように告げられてどのような認識で記入を行ったのかなどを、投資や経済に関して十分な知識も経験もないX自身の言葉で率直に述べてもらうことで、「投資」とは縁遠い高齢の女性であるXのありのままの姿を裁判所に呈示することを最大の目的としていたが、この目的は十分に果たされることとなった。

　また、購入後にXがAに不安を漏らしたことから被害が発覚した経緯や、

197

第2部 各 論

XはいつでもAに相談できる状況にあったこと（にもかかわらず本件投資信託購入時にAは同席せず相談も受けていなかったこと）も、重要な意味を有すると思われたため、Aも証人として申請し、短時間の証人尋問を行った。

(B) **被告側**

Y銀行のP支店長に対する反対尋問においては、まず、本件投資信託が新規性のある仕組商品であることから、運用対象である日経平均連動債の特性をはじめとする商品構造に関する質問を行ってみた。その結果、P支店長が、説明資料に記載された表面的な条件等以外には、根本的な商品特性や商品構造に関する知識をほとんど持ち合わせていなかったことが明らかになった。

また、本件投資信託の商品特性とXの属性との乖離が極端であると思われたことから、勧誘時のやりとりやXの反応を具体的に質問することに重点を置いた反対尋問を行ったところ、上記のとおりP支店長の知識が十分ではなかったこともあって、P支店長が述べる説明内容でXが本件投資信託の商品特性やリスクの程度を理解できたはずがないことが浮き彫りになり、P支店長が、Xが特に不安を述べたり質問をすることもなく容易に理解に至ったかのような証言を行えば行うほど、証言の真実味が失われていくこととなった。

さらに、前記の内部資料を用いた反対尋問を行い、これにより、P支店長が、本件投資信託を販売するために内部基準や内部ルールを形骸化させる勧誘行為を行っていたことが明らかになった。

(6) **最終準備書面**

最終準備書面においては、まず事実関係に関し、前記のようなXの属性等を証拠に基づいて詳細に論証し、次いで、本件投資信託の勧誘の経緯や説明内容に関し、P支店長の陳述や証言が信用できないものであって、Xの陳述や供述こそが信用されるべきことを、前記の尋問の結果に基づいて論証した。

第9章　ノックイン投信の事例

　そのうえで、前記のような本件投資信託の具体的な商品特性についての総括的な主張を行い、適合性原則違反および説明義務違反についての当てはめを行って、本件勧誘行為が不法行為に該当することを論証した。

　具体的には、適合性原則違反については、最高裁平成17年7月14日判決が示した要件および判断枠組みに基づいて、Xの属性等と本件投資信託の具体的な商品特性を総合的に考慮した検討を行えば、本件勧誘行為が「顧客の意向と実情に反した、明らかに過大な危険を伴う取引の積極的な勧誘」として適合性原則違反の違法性を帯びることは明らかである旨を主張した。そして、本件に固有の具体的な考慮要素として、Xの意向や経験等のほかに、Xにとって金額が大きい集中投資であった点、内部基準や内部ルールを形骸化させる勧誘が行われていた点を強調する主張も行った（上記最高裁判決は、適合性原則違反の判断においては諸要素の総合的考慮が必要であることを判示しており、このような総合考慮による違法性判断においては、集中投資という取引態様ないし取引量の問題や、内部基準等からの逸脱という勧誘態様ないし勧誘行為の悪性の問題も、重要な考慮要素となるという観点から、このような主張を行ったものであった）。

　また、説明義務違反については、Xの属性等と本件投資信託の具体的な商品特性の著しい乖離からして、Xが、かかる商品特性やリスクの内容と程度を容易に理解できたはずがないところ、尋問の結果に照らしてもXに理解を得させるだけの説明が行われたとは考えられず、とりわけ、本件投資信託についての十分な知識も持たないまま内部基準や内部ルールを形骸化させる形での勧誘を行ったP支店長が十分な説明を行ったはずがないことや、仮にXが十分な理解に達していれば、Aに相談することもなく預金を原資とした集中投資を行うはずがないこと、などに重点を置いた主張を行った。

　なお、損害については、四つの投資信託のうち三つは償還を迎えて損失が確定したため、当該損失額を基礎に請求内容を変更し、その余の一つは保有を継続したままであったため、口頭弁論終結時における直近の基準価額に基

199

第2部 各 論

づいた損害額を基礎に請求内容を変更した。

4 判 決

　判決は、適合性原則違反および説明義務違反による不法行為を肯定した。

　適合性原則違反に関しては、前記の主張が容れられて、まず本件投資信託の商品特性上の問題点が指摘されたうえで、高齢で取引の経験・知識のないXにはその内容の理解は困難であるとされ、続いて「投資態様」として「リスクの分散が考慮されていない」ことや、「取引経験、知識」の乏しさ、「投資意向」は元本を重視する慎重な投資意向であったことが指摘され、さらに、P支店長はY銀行の内部基準を形骸化させるような勧誘を行っていたとして、これら一切を総合考慮した結果として適合性原則違反による不法行為が肯定された。

　説明義務違反についても、本件投資信託は、その内容を理解することが容易ではなく、将来の株価予測という困難な判断が要求され、元本割れのリスクも相当程度存在するにもかかわらず、条件付きの元本保証という特性により元本の安全性が印象づけられることから、当該条件については特に慎重に説明する必要があったとされたうえで、販売する側に知識不足があったことや勧誘時のやりとりなどから、本件投資信託の危険性を具体的に理解することができる程度の説明がなされたとは認められないとして、説明義務違反による不法行為が認められた。

5 最後に

　Xのような高齢者が銀行や証券会社に対して訴訟を起こすことは、決して容易なことではなく、泣き寝入りとなってしまうことも多い。本件でも、Xが単身にて銀行との訴訟を追行することは困難であったと思われるが、母親がこのような被害に遭ったことに憤慨したAが、心身両面でXの支えとなって、事実調査や資料収集にも全面協力してくれたことで、十分な訴訟

第9章　ノックイン投信の事例

活動を行うことが可能となり、勝訴判決を取得することが可能となった。高齢者の被害事案においては、このような近親者の親身な協力を得ることが、極めて重要である。

　本件のモデルとなった事案の判決は大きく報道され、その後のノックイン投信に対する規制にも影響を与えたようであり、以後、ノックイン投信に関する勝訴判決や和解・示談が相次ぐようになった。このような新種被害の事案において判決を取得することの意義や重要性が、強く感じられるところである（なお、本件以降の新たな規制について簡単に触れておけば、平成22年4月の金融庁監督指針の改正を受けて、日本証券業協会は「協会員の投資勧誘、顧客管理等に関する規則」を改正し（平成23年4月施行）、ノックイン投信を「店頭デリバティブ取引に類する複雑な投資信託」として、仕組債やレバレッジ投資信託と合わせて、勧誘制限や説明義務の徹底に関する規定を設けている。また、投資信託協会も、平成23年4月施行の「店頭デリバティブ取引に類する複雑な投資信託に関する規則」等により、勧誘開始基準の制定や誤解を与えるおそれのある名称の使用制限等についての規定を設けている。上記の施行時期以降のノックイン投信による被害に対処する際には、これらの規定の精査と活用が不可欠である）。

（田端　聡）

〈参考裁判例〉
・大阪地裁平成22年8月26日判決（判時2106号69頁）
・東京地裁平成23年2月28日判決（金判1369号59頁）
・東京地裁平成23年8月2日判決（セレクト41巻1頁）
・大阪地裁平成25年2月20日判決（判時2195号78頁）
・京都地裁平成26年9月25日判決（セレクト48巻1頁）

第2部　各　論

── **コラム③　ノックイン投信とは** ──────────────

■仕組債での運用

　投資信託の中には、もっぱら仕組債で運用され、仕組債と同様の商品性を有するものがある。その典型がノックイン条件付日経平均連動債でもっぱら運用する投資信託であり、その通称がノックイン投信である。

　たとえば、投資元金1000万円、満期は6カ月後、分配金は15万円、満期前日の日経平均株価終値（仮に「P」とする）が1万5000円以上であれば元金は1000万円で償還、しかしそうでなければ元金は1000万円 $\times \dfrac{P}{15,000}$ の現金で償還、ノックイン価格は1万3000円、早期償還判定価格は1万6000円、途中解約は原則不可、としよう。ノックイン価格が1万3000円とは、満期前日までに日経平均株価が1万3000円以下にならない限り、償還元金は上記ルールに従わず常に1000万円とするが、一度でも1万3000円以下になれば、償還元金は上記ルールに従うという意味である。このような条件は往々にして「ノックイン価格まで落ちることはなかろう。元金1000万円は確保されるだろう」という誤解を誘発する。しかし、実は日経平均株価は値動きが激しく、そのくらいの値下がりはいくらでも生じうる。ノックイン価格に達したとき、満期時の損益グラフはやはり次のようなグラフになり、オプション取引が組み込まれていることがわかる。

　　　【満期における損益グラフ（ノックインした場合)】

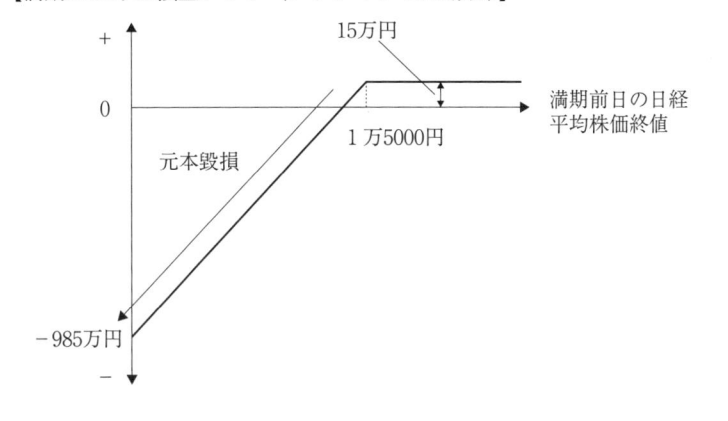

202

第9章 ノックイン投信の事例

■インデックス・ファンドとの違い

ノックイン投信と似て非なる投資信託として、基準価格が日経平均株価に連動するように作られているインデックス・ファンドがある。しかし、これは日経平均株価が上がれば上がるほど基準価格も上がるのであり、満期時の損益グラフは前記のような折れ線にならない（一直線である）。

さらに、流動性も全く異なる。たとえば、インデックス・ファンドは流動性が高いのが一般であるため、株価下落局面では適当なところで売って損失の拡大を防げるが、ノックイン投信は流動性が低いため（換金のタイミングが月1回などに限定されるなど）、損失が予想以上に大きくなってしまうこともある。

■問題点

もともと投資信託は「一つのかごにすべての卵を盛るな」という投資格言に倣って専門家に分散投資を委ねるという思想から誕生している。一般投資家にもそのようなイメージが定着しているが、ノックイン条件付日経平均連動債でもっぱら運用するという内実は、そのようなイメージそぐわないといえよう。

さらに、投資信託には組成・販売に高率の手数料や信託報酬がかかってくる。もともと日経平均連動債においては、商品設計時に算定される「株価変動リスクに見合うリターン」から、設計・販売のコストが控除されてクーポンが支払われる仕組みであり、ノックイン投信はそこからさらに高率のコストが控除されるというわけである。したがって、上記例の分配金15万円というのは、株価変動リスクに見合うリターンとして理論上算定される値と比べれば、かなり少なくなっているといえよう。

ノックイン投信は、投資信託という一般投資家に受け入れられやすい外形をとっている。しかし、真に以上のような内実を知れば、買おうと思う一般投資家はいないのではなかろうか。

（今井　孝直）

203

第2部 各 論

第10章 仕組預金の事例

1 事例の概要

(1) 被害者属性および被害額

被害者Xは、Y銀行に預金を保有していた50歳代の主婦である。Y銀行のP行員は、平成9年からXに対する営業を担当するようになり、Xとは親密な関係を築いていた。Xは、平成17年5月、P行員から仕組預金を推奨・勧誘されたことをきっかけに同預金を反復継続して購入し、平成20年8月末時点で6口の同預金（約6000万円分）を保有するに至った。しかし、同年9月に急激に円高が進んだことにより約2000万円の損失を被った。

(2) 商品特性

勧誘を受けた仕組預金は豪ドル／円相場の動向次第で損益が決まるものであった。簡略化していうと次のとおりである。元金1000万円の定期預金、満期は3カ月（6カ月・12カ月も選択可）、利息は10万円、満期における豪ドル／円相場終値が100円より円安であれば元金は1000万円で償還、しかしそうでなければ元金は10万豪ドルで償還、途中解約は原則不可、というものである。満期における損益グラフは次の【グラフ1】のようになる。これは豪ドル／円のプットオプションの売り取引と同じ形状であることから、豪ドル／円のオプション取引が組み込まれている商品であることがわかる（コラム④参照）。

(3) 集中投資

本件の特徴は、Xが平成20年2月以降仕組預金の増口を重ねたため、同年8月末時点で6口約6000万円の仕組預金を保有するに至った点にある。これはXの総資産の約3分の2というかなりの集中投資であった。平成20年2月以降に売り出された仕組預金は、従前に比べ、円安局面での預金者の利

204

第10章 仕組預金の事例

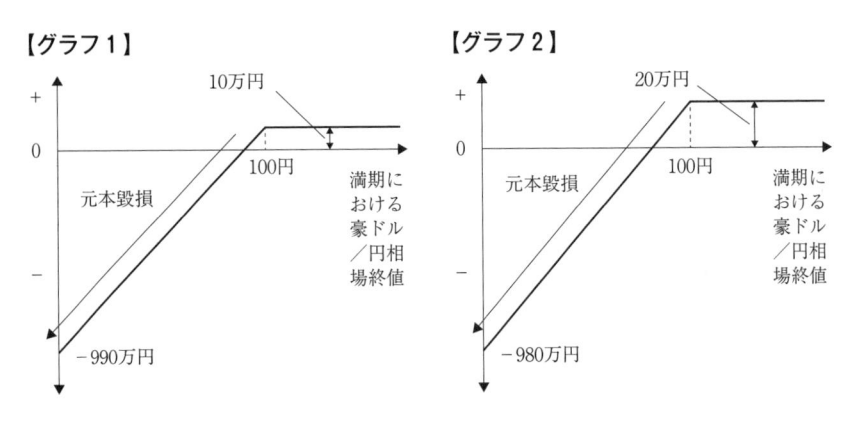

益が2倍になっており、P行員がこれを強調して勧誘したことからこのような集中投資になったのである。簡略化していうと上記【グラフ1】で例示した預金の条件のうち利息が20万円に増加し、【グラフ2】のようになった。P行員はここを強調したのである。

2 被害相談および受任

(1) 初回相談時の状況

　Xの購入した仕組預金は平成21年8月までに全て償還され、Xは含み損を大きく抱えた多額の豪ドル預金を保有する状態となった。この状態でXは、同年12月、法律相談に赴いた。

　差し当たってXが悩んでいたのは、抱えている多額の豪ドルを円転して損失を確定させるべきかどうかであったが、今後の豪ドル／円相場の推移は予想できないため、豪ドルを保有した状態でも損害賠償請求はできることをアドバイスするにとどめ、どの時点で円転して損失を確定させるかどうかはXの判断に委ねた。Xは豪ドル／円相場の動きで肝を冷やすことに耐えかねていたため、法律相談の直後に全ての豪ドルを円転して損失を確定させた。

205

第2部　各　論

(2)　受任に至るまで

　本件では、約40本もの仕組預金が登場した。いずれも商品説明書を一読しただけでは特徴がつかめず、それだけでも問題を感じさせるものであった。また、Xが仕組預金取引を行っていたのは平成17年5月から平成21年8月までの約4年余りに及び、その間P行員と頻繁にやりとりしていたため、聴取すべき事実関係も相当な量と予想された。そこで、まずは調査案件として受任し、Xの手持ち資料に基づく商品分析およびXからの数回にわたる聴き取りを重ねた。その結果、Xが購入した仕組預金の多くは豪ドル／円のプットオプション売り取引と同等のリスクが内包されていることが確認されるとともに、Xの生活境遇およびこれまで資産運用歴とを照らし合わせると、本件の仕組預金取引は、Xの意向・実情にそぐわない過大なリスクを負担させるものと考えられた。とりわけ、P行員が平成20年2月以降、勧誘を重ねてXに集中投資をさせるに至った点は十分違法といいうるとみられた。なお、仕組預金による被害事件については、和解例があるものの（ただし公表されてない）、みるべき裁判例がなかった。そのため個別株や日経平均株価のプットオプション売り取引を内包する仕組債の裁判例も参考にして検討を行った。

　以上を経て、損害賠償請求事件として受任することを前提に、さらに事実調査を行うことにした。

3　事実調査

(1)　資料収集

　Xの手持ち書類だけでは、長きにわたる本件の取引のすべてを裏付けることができなかったため、Y銀行に対して、Xの取引に関係する書類一切の提出を求めた。その際、業務日誌、契約申込み時に作成されているであろう適合性審査書類、仕組預金についての内部研修用資料の提出もあわせて要請した。

Y銀行は、Xが作成した申込書およびXが購入した仕組預金の条件を記載した書類の提出には応じたが、業務日誌等の書類の提出には応じなかった。

(2) 証拠保全手続

そこで、Y銀行が任意の提出を拒んだ書類を中心に証拠保全命令申立てを行い、速やかに同命令を得た。これにより、業務日誌、適合性審査書類、仕組預金についての内部研修用資料を保全することができた。

4 訴訟活動

(1) 訴訟提起および請求原因

以上の準備を経てY銀行を被告とする民事訴訟を提起した。

Xの仕組預金取引は平成17年5月から平成21年8月まで延べ38本あったが、平成20年2月以降の集中投資の違法性に焦点を当てる必要から、同月以降の17本の仕組預金取引のみを請求原因とした。なお、それ以前の21本については、一部が豪ドル償還となり含み損が発生した経緯があるものの、その後の相場回復で結局損失の現実化は避けられたため、被害回復のためには上記17本に絞って提訴することで十分であった。

違法性としては、適合性原則違反、説明義務違反、助言義務違反、断定的判断の提供を主張した。

(2) 主張における力点①——Xの意向・実情

Xが仕組預金を購入した意向（動機）およびその背景にある実情（金融商品についての知識・経験および財産状況）は、勧誘の違法性に最も影響する要素である。したがって、この点の主張立証が最初の課題であった。この課題を十分にこなせなければ、仕組商品の問題性や本件集中投資の問題性を主張立証しても十分に活かされないわけである。

動かぬ事実として、Xは9000万円超の金融資産を有していた。また、投資性商品に全く無縁であったというわけではなく、投資信託、株式、外貨預金の取引経験を有していた。これらはY銀行の格好の反論材料である。つ

第2部 各 論

まり「財産には余裕があり、投資判断能力も十分に有していた」などと反論
してくるであろう。しかし、X夫婦は健康上の理由で十分に働けず、財産
はもっぱら親からの相続で形成したものであった。しかも、将来見込まれる
年金受給はかなり少額という事情があったため、その財産は老後に必要不可
欠であった。また、Xに投資経験があるといっても、ペイオフ解禁のニュ
ースを聞くや預金保険の対象となる預金に資産を避難させる、しかしP行
員が少し勧誘すれば投資信託を購入する、株取引はやってみたものの実際の
株価の動きを体験してパニックになり2週間ほどで撤退する、というように
一貫性がなかった。これらの諸事実から、Xは投資には未熟であり、なる
べくリスクを回避しようとしている姿をみることができた。

　提訴前の準備で、取引記録などの客観的資料を入手したうえで、十分な時
間を費やしてXの来し方をつぶさに聴取していた。したがって、Xの意向
およびその前提にある実情の主張立証は、審理の初期に自信をもって展開し
得た。準備書面では事前に収集した証拠を用いてありのままの事実を厚く論
じ、Xが投資に未熟でリスク嫌いであることを（ある意味で）淡々と主張し
た。

(3)　主張における力点②——集中投資の問題

　このように、未熟でリスク嫌いのXに、仕組預金への集中投資をさせた
のは違法であると論証するのが次なる課題であった。

　その前提として、仮に集中投資とならなくても仕組預金はリスクの高いこ
とを主張立証する必要がある。仕組商品についての行政の規制および業界の
自主規制は証券の分野（仕組債やノックイン投信）で先行している。被害救済
の裁判実務においても同様である。そこで、仕組預金も仕組債も本質的には
同じであること（店頭オプション取引と同等のリスクが内在していること）を論
じたうえで、もっぱら仕組債の資料を用いながら仕組商品の問題性の一般論
を展開した。

　これを基礎として本件の集中投資のハイリスク性を主張立証した。この点

208

第10章　仕組預金の事例

〔表１〕 「95% VaR」で解析した想定最大損失の一覧

	当初の元本(円)	想定最大損失(円)
仕組預金１	10,000,000	2,850,000
同２	10,000,000	2,850,000
同３	10,000,000	2,180,000
同４	10,300,000	2,170,000
同５	8,710,000	1,930,000
同６	9,440,000	1,950,000
合計	58,450,000	13,930,000

※95% VaR：95％の確率で発生することが予想される
価格変動に基づいて、リスクの最大値を計測する分析
手法。多くの金融機関等で採用されているリスク管理
のツールである。VaR とは Value at Risk（バリュ
ー・アット・リスク）の略。

が主張立証の最終目標であるから、金融工学の専門的知見に基づいて客観的
に立証することとし、デリバティブの分析・評価を行う専門業者に依頼して
リスクを数値化した。これにより、〔表１〕のような結果を得た。

　〔表１〕は、「過去のデータに基づいて統計的に分析すると、最大で1393万
円の損失が合理的に想定される」ということを意味している。このようなリ
スクを X に負担させるような取引を勧誘することは、X の意向・属性に照
らせば行き過ぎであると論じた。

　ところで、X の集中投資の一因となったのは、仕組預金の利益部分が２
倍に増加したことであった。オプション取引の論理を当てはめれば、本件仕
組預金が参照指標とする豪ドル／円相場の変動率（ボラティリティ）が高く
なった、つまりリスクが高まったと推測される。この点の検証も前記業者に
依頼したところ、豪ドル／円相場の変動率（ボラティリティ）が高くなって
いたという分析結果を得ることができた。本件では、P 行員が「豪ドルは格
付のいい通貨だ」と述べて勧誘していたことは争いがなかったため、この分
析結果により、P 行員がリスクの高まりに触れることなく利益２倍の点を押
し出して勧誘していたことを明らかにすることができた。

209

第2部　各　論

　以上のように主張を重ねて、未熟でリスク嫌いのXに危険な集中投資を勧誘したのは違法であると論じた。

5　人証調べ

　上記の訴訟活動を経てXの本人尋問、P行員の証人尋問を迎えた。Y銀行では、仕組預金の販売に際して、一つひとつ適合性審査を行うことを内部ルールとしており、当然ながらその審査過程が記録化されている。法廷ではP行員にこの記録を示しながら適合性審査に問題がなかったかどうかを尋ねることになった。すると、Y銀行の内部でもXの取引が集中投資になっているのではないかが意識されていることが明らかとなった。しかし、記録上はXの保有資産が過大に記載され、その結果、仕組預金への投資割合が過少に算出され、審査結果として問題なしと記載されているものが存した。このことから、集中投資は銀行内部においてもハイリスク取引として警戒されていたこと、それにもかかわらず本件では内部審査が杜撰になっていたことが立証されたと思われる。

　Xの本人尋問は、その健康上の理由から実施が危ぶまれたが無事に行われた。なお、本人尋問ができない場合に備えて、陳述書は相当に細かい内容とし、また、原告代理人による陳述録取書の体裁を採用し、陳述を録取した弁護士の証言をもって本人尋問に代替できるようにも準備していた。

6　和解成立

　証人尋問後は裁判長より和解勧試があったが、和解決裂・判決言渡しとなる可能性が高いと見込まれたことから、和解交渉に先立って最終準備書面を提出して主張・立証を総括した。しかし、その後の交渉ではY銀行から一定の和解金の支払いの提示があり、それはP行員の勧誘行為に一定の違法性を認めているとXが評価できる金額であったため、和解が成立することとなった。

210

7　最後に

　当然ながら、和解の成立は個別事情に基づくX・Yの互譲の上に成立したものであるが、集中投資の問題性に的を絞って主張立証を効果的に行えたことは解決の一因になったと考えられる。その主張立証を最も力強く支えたのは、Xの意向と実情に関する事実関係であった。投資についての一定の知識・経験は時に勧誘の違法性の認定を妨げるが、それらに正面から向き合って仔細に分析することで、リスクに臆病なXの性格、全く洗練されていないXの知識・経験を積極的に論証した。そういう意味で、膨大な過去の事実から、当該顧客が本来有していた投資意向およびその背景事情をいかに自然に描くのかが被害救済に重要であることをあらためて認識させる事案であったといえよう。

8　補　足

　全国銀行協会は、平成23年2月22日、「デリバティブを内包する預金に関するガイドライン」を制定している。また、金融庁は「主要行等向けの総合的な監督指針」および「中小・地域金融機関向けの総合的な監督指針」において、仕組預金についての適合性原則に基づく勧誘の適正化や仕組債の販売時と同様の説明責任をそれぞれ定めるに至っている（前者につきⅢ-3-3-2-2(3)③、後者につきⅡ-3-2-5-2(3)③)。これらの自主規制および行政上の規制は、仕組預金の勧誘時において銀行が負うべき民事責任の内容を確認するものといえ、今後の被害救済実務でも参考にされるべきである。

（今井　孝直）

第2部　各　論

コラム④　仕組預金とは

■店頭デリバティブ取引の組み込み

　仕組預金とは、店頭デリバティブ取引を預金に組み込んだものをいう。

　本文で紹介した仕組預金と同種のものを分析してみる。たとえば、A銀行の1000万円の定期預金、満期は6カ月後、利息は15万円、満期前日の米ドルの円相場終値が100円より円安であれば元金は1000万円で償還、しかしそうでなければ元金は10万米ドルで償還、途中解約は原則不可、としよう。この場合、米ドルの円相場終値が100円以上であれば15万円の益となるが、100円を割り込むと含み損を抱えた10万米ドルを受け取ることになる。たとえば80円にまで割り込むと（100円−80円）×10万＝200万円の含み損があり、60円にまで割り込むと（100円−60円）×10万＝400万円の含み損がある。これをグラフにすると、以下のとおり、コラム①・コラム②で見たものと同じ形状となる。

【満期における損益グラフ】

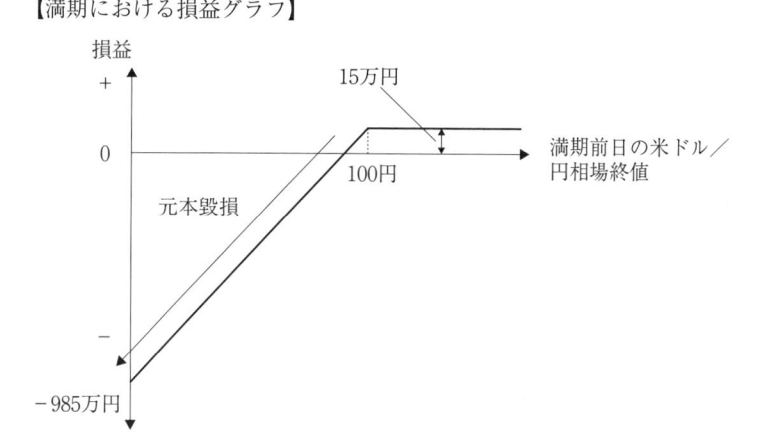

　このグラフは米ドル円相場終値＝100円のところで折れている。つまり、15万円のオプション料を受け取って、権利行使価格が100円の10万米ドルのプットオプションの売り取引を行ったときの損益グラフと同じである。

■満期変更型

　ところで、仕組預金の中には、償還元本は当初の額の円貨で確定しているが、ただ、満期をいつにするかの選択権を銀行が有するというものがある。このよ

第10章　仕組預金の事例

うな仕組預金では、約定金利が市場金利よりも低い限り銀行は満期を先延ばしにするであろう。この場合、損益は一見すると上記のような折れ線にはならないが、市中金利よりも低い金利で資金調達する権利を相手方に付与しているのであり、やはり金利のオプション取引が組み込まれている。

■「預金」と呼ぶべきか

　最初に例示した仕組預金では、1ドル100円を上回る円高になると元本毀損の可能性が出る。

　通常の外貨預金でも円高が進めば元本毀損の可能性が出る。ただし、解約は自由なので、たとえば「含み損が1割になったら解約する」と決めているのであれば、1ドル90円前後で適宜解約をすればよい。つまり、リスクはコントロールできる。

　しかし、上記の仕組預金は、6カ月間は解約できないので、円高がどんどん進んでも満期までなすすべがない。そうなれば多額の損失発生を覚悟しなければならない。生半可な相場予想で預金をすれば取り返しのつかない損を被りかねないので、かなり的確な予想を持って預金をしなければならない。ところが外国為替相場の動きは激しく、プロでも的確な予想は難しい。したがって、素人が手を出すのは避けるべきであるし、仮に購入するにしても、予想が外れたときに備え、総資産のごく一部に限る必要がある。

　このような特性を持った金融商品を「預金」と呼ぶのはふさわしくないと思われる。

（今井　孝直）

資　料

資　料

資料①　法令諸規則の概要

　我が国における金融商品取引を規制する主たる法令類は次のとおりである。

○金融商品取引法・同施行令・同内閣府令

○金融商品販売法・同施行令

○投資信託及び投資法人法・同施行令

　その他にも、一般的には消費者契約法、（事例によっては）特定商取引法も適用される。また、銀行には銀行法、保険会社には保険業法において、投資商品につき金融商品取引法とおおむね類似の規制が行われている。

　さらに、金融庁では「監督指針」（金融商品取引業者等向けの総合的な監督指針）、証券取引監視委員会では「検査マニュアル」（金融商品取引業者等検査マニュアル）があり、被害救済の判断基準の参考資料となる。

　以上の法令類の他に、金融商品取引業者の投資勧誘に関しては、日本証券業協会・自主規制規則も投資勧誘を規制するものとして重要である。自主規制規則の諸規則のうち主たるものとして、「投資勧誘規則」（協会員の投資勧誘・顧客管理等に関する規則）、「従業員規則」（協会員の従業員に関する規則）、店頭証券規則、外国証券取引規則があげられる。また、金融商品取引業者は、日本証券業協会・自主規制規則に基づいて、各社で各種の営業準則を制定している。それら営業準則も、被害救済における重要な参照資料である。

　以下に、法令等の重要部分を示す。

┌【法令】─────────────────────────

│○金融商品取引法（抜粋）

│　・36条：誠実公正義務

│　・37条の３：書面交付義務

│　・38条：禁止行為

│　・40条：適合性原則

│　・46条の２：法定帳票の作成保存義務

│○同施行令（抜粋）

216

資料①　法令諸規則の概要

・16条の4（不招請勧誘禁止）
○同内閣府令（抜粋）
・業府令117条（禁止行為：1項1号。顧客の知識・経験・財産状況・契約目的に照らして当該顧客に理解されるために必要な方法および程度による説明をすることなく、金融商品取引契約を締結する行為は禁止対象）。
・業府令123条（適合性原則：たとえば1項9号。投信の乗換え勧誘時の重要事項・説明義務）
・業府令157条（法定帳票：注文伝票（1項3号）、顧客勘定元帳（1項9号））

【監督指針】【検査マニュアル】

　いずれも、金融庁・証券取引監視委員会のウェブサイトから入手できる。主に「業務の適切性」「業務編」に関する下記部分が重要である。
○金融庁「金融商品取引業者等向けの監督指針」（Ⅲ-2　業務の適切性（共通編）、Ⅳ-3　業務の適切性（第1種金融商品取引業者））
○証券取引監視委員会「金融商品取引業者等検査マニュアル」（Ⅱ-2-1　業務編（共通項目）、Ⅱ-2-2　業務編（第1種金融商品取引業者））

【自主規制規則】

　いずれも、日本証券業協会のウェブサイトから入手できる。
○投資勧誘規則（「協会員の投資勧誘・顧客管理に関する規則」）
○従業員規則（「協会員の従業員に関する規則」）
○高齢者保護ガイドライン（「高齢顧客への勧誘による販売に係るガイドライン」）
○投信乗換ガイドライン（「投資信託等の乗換え勧誘時の説明義務に関するガイドライン」）
○営業員ハンドブック（営業員準拠用）
○コンプライアンスハンドブック（営業員準拠用）

217

資　料

資料②　書式例

【書式1】　資料提出申入書

平成○○年○○月○○日

株式会社　○○　証券
　代表取締役　○○　殿

大阪市北区西天満○丁目○番○○号
○○法律事務所
弁護士　○　○　○　○
電　話　○○-○○○○-○○○○
FAX　○○-○○○○-○○○○

資料提出申入書

冠省　貴社にはますますご発展のこととお喜び申し上げます。

　さて，当職は，○○○○殿（○○県○○市在住）の委任を受けて，貴社に対し，以下の通り申し入れます。

　○○殿はかねてより貴社に取引口座を開設・保有して，これまで各般の証券取引を行ってきておりました。しかしながら，○○殿は貴社外務員の投資勧誘と業務遂行による証券取引の経過と結果に不本意な点があると考えるところから，今般，当職に対して，○○殿の貴社における証券取引の事実経過を整理分析すること，その上で，法律上・商業倫理上の問題点がないかどうかを調査することを依頼されました。

　そこで，当職は速やかに整理分析作業に着手したいと考えておりますが，○○殿手持ちの資料には欠落があるとともに，事実経過を正確に整理分析するには，○○殿手持ち以外の資料も必要ですので，貴社に対し，下記資料をご提出いただくよう本書をもって申し入れる次第です。

　貴社にはご多忙中恐縮ながら，事情ご賢察の上，本書到着後1週間を目途にご調製ご提出いただくようお願いします。もし，この申入れに関し，不明な点がありましたら，遠慮なく当職までご連絡くださるよう，あわせてお願いします。

敬具

資料②　書式例

記

【提出を求める資料（電磁資料を含む）】

1　取引口座開設申込書

2　顧客カード（あるいは顧客基本情報）

3　顧客勘定元帳

4　外貨顧客勘定元帳（外貨決済）

5　信用取引元帳

6　貴社制定の信用取引開始基準

7　○○殿が作成し貴社に差し入れた諸文書（例：各種確認書・外国証券取引口座設定書など）

8　担当者○○外務員の接触履歴（＊）：○○外務員が○○殿と接触した日時・内容の記録

　　（＊）　呼称は「接触履歴」の他「コンタクト履歴」「アプローチ履歴」など

9　○○外務員と○○殿の電話会話の録音媒体（録音テープ，DVD その他）

10　貴社社内検査規則（日証協・自主規制規則・顧客勧誘規則ご参照）

11　（その他，事案内容に即して適宜に列挙する）

以　上

【添付資料】

○○殿から当職への事実調査用委任状（写）　　　1通

資 料

【書式2】 証拠保全申立書

証拠保全申立書

平成　　年　　月　　日

○○地方裁判所　　御中

申立人訴訟代理人
弁護士　　○○○○
当事者目録記載のとおり

申立ての趣旨

1　相手方○○支店（○○県○○市○○町○○ビル1階）に臨み，相手方保管
に係る別紙検証物目録記載の書類・証拠物を検証する。
2　相手方は，前項の検証物を検証期日の現場にて提示せよ。
との決定を求める。

申立ての原因

第1　事実経緯
（略）

第2　取引の違法性について
1　適合性原則違反
(1)　投資者にとっていかなる証券取引が適当であるかは，投資者の意向，
財産状態及び投資経験等に応じて異なる。証券会社から証券取引につい
て投資勧誘を受ける投資者は，証券取引についての職業的な専門家であ
る地位に鑑みて，勧誘を受ける取引が自己の投資意向，財産状態及び投
資経験等に適合したものと考えがちである。したがって，証券会社の投
資勧誘が妥当なものであるためには，それが投資者の投資意向，財産状
態及び投資経験等に適合していることが必要である。
金融商品取引法は，金融商品取引行為について，顧客の知識・経験，
財産の状況及び金融商品取引についての契約を締結する目的に照らして
不適当と認められる勧誘を行って投資者保護に欠けることにならないよ

220

うに求めている（40条）。これを適合性原則といい，適合性原則に違反した場合は，投資者は証券会社等に対して不法行為に基づく損害賠償請求ができる。

　最高裁平成17年7月14日判決は，証券会社の担当者が顧客の意向と実情に反して，明らかに過大な危険を伴う取引を積極的に勧誘する等適合性原則から著しく逸脱した証券取引の勧誘をしてこれを行わせたときは，当該行為は不法行為になるとした。

(2)　外国株式について

　本件では多数銘柄の外国株式等外国証券が頻回に取引されている。

　外国株式とは，外国企業が発行した株式であるが，外国株式には，価格変動リスク，信用リスクの他に，国内株式にはない，為替リスク，カントリーリスク，情報リスク等がある。

　すなわち第1に，外国株式の取引は外貨取引で行われるので，円換算するレート変動による為替リスクが生じる。

　第2に，当該外国株式の発行体の状況のみならず，発行体のある国や地域の政治・経済・社会状況の変化に影響されるカントリーリスクがある。

　第3に，外国株式は，個別銘柄の周知性が十分でなく，国内株式と異なり，当該企業の経営状態，財務内容，価格変動等が全くわからない。

　そこで，外国株式等外国証券については，国内株式以上に，投資者の意向，投資経験及び資力等に適合した投資が行われるよう，十分に配慮した投資勧誘が行われることが求められる。

　日本証券業協会の定める外国証券の取引に関する規則5条は，その旨を規定している。

　しかるに，本件では，高齢で，とりわけ外国株式に関する情報収集をすることができず，投資取引の経験にも乏しい申立人に，外国株式について多数の取引が行われ，多額の損害が発生しており，適合性原則に著しく違反することは明白である。

(3)　信用取引について

　信用取引は，証券会社からお金ないし株式を借りて売り買いができる取引であり，取引保証金の2〜3倍の取引をすることができる反面，損失が発生するリスクも2〜3倍と大きく，リバリッジリスクがある。

　日本証券業協会は，信用取引のリスクの大きさに鑑み，適合性原則の

資　料

見地から，公正慣習規則において，協会員である証券会社に「信用取引開始基準」を定め，その基準に適合した顧客との間で信用取引契約を締結することを求めている。

日本証券業協会作成による「証券外務員必携」は「証券業協会では，信用取引による株式の売買取引が，ともすれば投機色の強い利用となりやすいため，信用取引利用顧客については，投資経験並びに資力が十分な顧客から『厳選』されるべきである」として，各証券会社に対し，預かり資産の規模，投資経験その他必要と認める事項についての「信用開始基準」を定めることを義務付けている（54頁）。

日本証券業協会は，信用取引が預託額の2～3倍の取引ができるレバリッジのきいた取引であるという意味でリスクが高い（ハイリスク・ハイリターン）という意味だけでなく，現実の取引においては，多数短期頻回の過当取引になる現実的危険性に鑑み，「ともすれば投機色の強い利用となりやすい」ことを強調し，顧客を「厳選」しなければならないとしているのである。

そして，証券取引法（現金融商品取引法）は，証券会社を認可制のもとに認め，日本証券業協会を法律上の自主規制機関とした。証券業協会規則（公正慣習規則）は，内閣総理大臣に認可にあたって法令に適合し有価証等券取引を公正かつ円滑ならしめ投資者を保護するために十分であることの確認を求めている（金融商品取引法67条の4）。その証券業協会が，適合性原則の見地から，協会員に，信用取引の取引開始基準を定めることを求めており，協会員はそれを遵守する義務を負うのであるから，そこでの定めは内部基準に止まらないのであって，それに違反した場合は，適合性原則に違反するものと解すべきである。

2　過当取引について

（略）

第3　証拠保全の必要性及び検証を求める文書について

1　証拠保全の必要性について

申立人は相手方に対し，適合性原則違反及び過当取引等を理由に損害賠償請求訴訟を準備中である。

申立人（代理人）は相手方に対し，平成○年○月○日付け「通知書」にて，適合性原則違反，過当取引等の違法性を検討する上で必須と考えられ

222

資料② 書式例

る文書（顧客カード，外国株式取引及び信用取引の口座開設申込書，外国株式取引及び信用取引の口座開設の際の適合性審査に関する文書，申立人と相手方従業員との間の取引に関するやりとりを記載したアプローチ履歴（折衝記録カード），架電記録，録音テープ，アテンション口座に関する書類等）の提出を求めたが，今日に至っても相手方からは，返答すらないのであって，文書の提出を拒否するものと考えざるを得ない。

　したがって，かかる相手方の対応は，訴訟提起までに証拠の改ざん等を図る可能性が認められるのであって，証拠保全の必要性は高い。

2　証拠保全において検証を求める文書

(1)　顧客カード等申立人の投資意向，知識経験，資産状態等に関して作成された文書

　　証券会社が適合性原則に従った勧誘をするためには，相手方が申立人の投資意向，知識経験，資産状態等に関して，申立人の投資意向，知識経験，資産状態等に関する文書（顧客カード等）を作成することが公正慣習規則により求められており，顧客カード等の文書は，相手方がどのような顧客調査を尽くし，申立人の属性を把握していたかどうかを明らかにする上で必須の文書である。

(2)　外国証券取引の口座開設申込書

　　外国証券取引を行うには外国証券口座を開設し，外国証券の取引に関する契約を締結する必要があり，外国証券取引を開始する上で必須の書類である。

(3)　信用取引の口座開設申込書

　　信用取引を行うには外国証券口座を開設し，信用取引に関する契約を締結する必要があり，信用取引を開始する上で必須の書類である。

(4)　外国証券取引の取引開始基準に関する文書

　　外国証券取引については国内株式以上に，投資者の意向，投資経験及び資力等に適合した投資が行われるよう，十分に配慮した投資勧誘が行われることが求められる（外国証券の取引に関する規則5条）のであり，相手方の定める外国証券取引の取引開始基準に関する文書がいかなるものであるかは適合性原則違反を検討する上で必須の文書である。

(5)　信用取引の取引開始基準に関する文書

　　相手方の信用取引の取引開始基準は，平成15年当時，「女性（寡婦・専業主婦）」を原則禁止顧客としていたのであり，本件で信用取引開始

223

資　料

時の信用取引の取引開始基準がいかなるものであったかは適合性原則違反を検討する上で必須である。

(6)　外国株式取引の口座開設の際の適合性審査に関する文書

　　　外国証券取引については国内株式以上に，投資者の意向，投資経験及び資力等に適合した投資が行われるよう，十分に配慮した投資勧誘が行われることが求められる（外国証券の取引に関する規則5条）のであり，本件で高齢女性である申立人において外国株式等の外国債券取引を開始する上で，どのような適合性に関して審査がなされたかが重要である。

(7)　信用取引の口座開設の際の適合性審査に関する文書

　　　相手方の信用取引の取引開始基準は，平成15年当時，「女性（寡婦・専業主婦）」を原則禁止顧客としていたのであり，本件で信用取引開始時の信用取引の取引開始にあたり，どのような適合性審査がなされたかは適合性原則違反を検討する上で必須である。

(8)　申立人と相手方従業員との間の取引に関するやりとりを記載したアプローチ履歴（折衝記録カード，甲第4号証）

　　　過当取引の違法性を検討する上で，顧客が証券会社の投資助言に依存し実質的にブローカーが投資判断を行っていたことが必要（口座支配性）であり，立証方法としては，顧客に対する証券会社の投資助言についての説明がどのようになされていたのか等の事実が考慮されるとされており，申立人と相手方従業員との間の取引に関するやりとりを記載したアプローチ履歴（折衝記録カード）は必須である。

(9)　架電記録（甲第5号証）

　　　架電記録とは，相手方従業員が顧客に対し，架電した日時，架電時間が記載された文書をいう。

　　　上記のとおり，口座支配性を検討する上で，顧客に対する証券会社の投資助言についての説明がどのようになされていたのか等の事実が考慮されるのであり，いつ，どの程度の時間（何分何秒），相手方従業員が架電したかを記載した文書は上記立証上必須である。

(10)　録音テープ

　　　上記のとおり，口座支配性を検討する上で，顧客に対する証券会社の投資助言についての説明がどのようになされていたのか等の事実が考慮されるのであり，相手方従業員と顧客との架電内容を録音した録音テープは上記立証方法として必須である。

資料② 書式例

(11) アテンション口座に関する書類

　　顧客の取引に関し，取引回数や短期損金決済回数が多い取引等問題が
ある場合，証券会社内部において，要注意口座（アテンション口座）と
して取り扱い，担当者限りではなく，担当者の上司，支店長，本店営業
考査課，管理審査部等のチェックを受ける関係で作成される文書をアテ
ンション口座という。

　　アテンション口座に関する文書は，適合性原則違反，過当取引等につ
いて，相手方がどのように認識していたか等を判断する上で重要である。

以　上

添付書類

1．委任状
2．法人代表者証明
3．甲号証正副本各1通

証拠資料

1．甲第1号証　『金融商品取引被害救済の手引』
2．甲第2号証　取引一覧表・回転率一覧表
3．甲第3号証　相手方「信用取引開始基準」
4．甲第4号証　相手方「折衝記録カード」
5．甲第5号証　相手方「架電記録」

検証物目録

以下の文書（電磁的記録を含む）

1　申立人に係る顧客カード等申立人の投資意向，知識経験，資産状態等に関
して作成された文書
2　申立人に係る外国証券取引の口座開設申込書（平成○年○月頃）
3　申立人に係る信用取引の口座開設申込書（平成○年○月頃）
4　平成年当時の外国証券取引の取引開始基準に関する文書
5　平成○年当時の信用取引の取引開始基準に関する文書

225

資　料

6　申立人に係る外国株式取引の口座開設の際の適合性審査に関する文書
　（「取引開始基準」を申立人の属性（意向，知識経験，財産状態）に当てはめ
　るに際して，具体的に諸要素を検討するために作成された内部文書）

7　申立人に係る信用取引の口座開設の際の適合性審査に関する文書（「取引
　開始基準」を申立人の属性（意向，知識経験，財産状態）に当てはめるに際
　して，具体的に諸要素を検討するために作成された内部文書）

8　申立人と相手方従業員（P，Q，R）との間の取引に関するやりとりを記
　載したアプローチ履歴・折衝記録カード（平成○年○月○日～平成○年○月
　○日間）

9　申立人と相手方従業員（P，Q，R）との間の架電に関する架電記録（平
　成○年○月○日～平成○年○月○日間）

10　申立人と相手方従業員（P，Q）との間の架電に係る録音テープ（平成○
　年○月○日～平成○年○月○日間）

11　申立人に係るアテンション口座に関する書類（平成○年○月○日～平成○
　年○月○日間，証券取引会社内部において，要注意口座（アテンション口
　座）として取り扱い，担当者限りではなく，担当者の上司，支店長，本店営
　業考査課，管理審査部等のチェックを受ける関係で作成される文書）

以　上

資料②　書式例

【書式3】　文書提出命令申立書

平成○年(ワ)第○○号　損害賠償請求事件
原　告　　X
被　告　　Y証券株式会社

文書提出命令申立書

平成　　年　月　日

○○地方裁判所　第1民事部合議係　御中

原告訴訟代理人

弁護士　甲山乙男

1　はじめに

　　原告は被告に対し，平成○年○月○日付けで，文書任意提出要求書を提出し，被告からの文書の任意提出を促した。提出を求めた文書は証券被害事件では通常何らかの形で提出されるものばかりである。

　　ところが同年○月○日の期日には提出されず，このままでは何時までも任意提出されることがなさそうなので，文書提出命令申立てを行うことにした。

2　顧客勘定元帳

(1)　文書の表示・趣旨

　　原告に関する顧客勘定元帳。

　　証券会社が顧客と有価証券の募集，売買，その他の取引を行った時，顧客別にその取引内容の明細及び金銭，有価証券の受入，払出しの経過を記載する帳簿。顧客勘定元帳は，作成が義務付けられる法定帳簿である。

(2)　文書の所持者

　　被告

(3)　証明すべき事実

　　原告の被告との証券取引の内容を明らかにする。

(4)　文書提出義務の原因

　　民事訴訟法220条2号，同3号，同4号（一般提出義務文書）

227

資　料

3　顧客カード等原告の投資意向，知識・経験，資産状況等に関して作成された文書
　(1)　文書の表示・趣旨
　　　顧客カード等原告の投資意向，知識・経験，資産状況等に関して作成された文書（顧客カードという名称の文書に限らない）。
　(2)　文書の所持者
　　　被告
　(3)　証明すべき事実
　　　被告が原告の投資意向，知識経験，資産状況等に関して，どのように顧客調査を尽くし，原告の属性を把握していたかを明らかにする。
　(4)　文書提出義務の原因
　　　民事訴訟法220条2号，同3号，同4号（一般提出義務文書）

4　仕組債の被告における取引開始基準及び特認許可申請書等原告の仕組債取引に関して作成された文書
　(1)　文書の表示・趣旨
　　　仕組債の取引を開始する際の取引開始基準についての顧客管理規程及び原告が仕組債取引を開始するにあたって被告従業員が原告が取引開始基準を満たすかどうかに関して被告が作成した文書。
　(2)　文書の所持者
　　　被告
　(3)　証明すべき事実
　　　被告の，仕組債取引を開始する際の取引開始基準がいかなるものか，原告が信用取引を開始するにあたってどのような文書が作成されたか，信用取引開始基準を満たすかどうかに関してどのような審査がなされたか等を明らかにする。
　(4)　文書提出義務の原因
　　　民事訴訟法220条2号，同3号，同4号

5　顧客面接票，顧客面談結果報告書，顧客引継書等原告との取引に関連して被告ないし従業員が職務上作成した文書
　(1)　文書の表示・趣旨
　　　被告従業員が原告と面接ないし面談した結果を記載した文書，原告の

被告担当者が交替する場合に新担当者に引き継ぐために作成した文書等

原告の取引に関して被告ないし被告従業員が作成した文書

(2) 文書の所持者

被告

(3) 証明すべき事実

被告従業員（担当者）が顧客と面接，面談する場合，顧客の投資意向，資産状況，最近の取引に関して，意見交換等がなされるのが通常であり，その時点での重要課題が記載される。当該時点での顧客と担当者との間でやりとりされた内容を明らかにする。

また担当者が交替する場合に新担当者に引き継ぐ重要事項の記載があり，担当者が当該顧客に関してどのようなことを重要であると認識していたかを明らかにする。

(4) 文書提出義務の原因

民事訴訟法220条2号，同3号，同4号

6 新規取引申込書，確認書等原告が記載ないし署名捺印して被告に差し入れた文書

(1) 文書の表示・趣旨

新規取引申込書，確認書等原告が記載ないし署名捺印して被告に差し入れた文書

(2) 文書の所持者

被告

(3) 証明すべき事実

証券取引においては，証券会社が顧客に対し，記入を求め，あるいは定型文言の文書等に署名捺印を求めて顧客名義の文書が徴求されることが多い。証券会社が文書の徴求を求めるのは当該文書が重要であると考えるからである。原告が被告との取引に関し，どのような文書に署名捺印したかを明らかにする。

(4) 文書提出義務の原因

民事訴訟法220条2号，同3号，同4号

7 被告従業員Pが原告に対して架電した平成〇年〇月～同年〇月における電話録音テープ

資　料

　(1)　文書の表示・趣旨

　　　被告従業員が原告に対し，取引に関連して架電した電話の録音テープ
　　（録音の媒体の如何は問わない）。

　(2)　文書の所持者

　　　被告

　(3)　証明すべき事実

　　　被告従業員が原告との本件取引に関して，いつ，どのくらいの時間を
　　かけて電話をしたかは，証券会社外務員の勧誘，説明，注文の実態がい
　　かなるものであったかを知る上で重要である。

　(4)　文書提出義務の原因

　　　民事訴訟法220条 3 号，同 4 号

8　被告従業員 P の業務日誌ないしアプローチ記録（原告との取引に関す
　るもの）

　(1)　文書の表示・趣旨

　　　平成〇年から現在までの被告従業員 P の業務日誌ないしアプローチ
　　記録で，原告との取引に関する記載分。

　　　業務日誌ないしアプローチ記録は，証券会社外務員が顧客との間の取
　　引に関連して作成する文書をいう。

　(2)　文書の所持者

　　　被告

　(3)　証明すべき事実

　　　業務日誌ないしアプローチ記録は，証券会社外務員が顧客との間の取
　　引に関連して作成する文書であり，原告と被告従業員 P らとの間で，
　　本件取引に関して，どのようなやりとりがなされたかを明らかにする。

　(4)　文書提出義務の原因

　　　民事訴訟法220条 3 号，同 4 号

9　仕組債を中途売却する場合の，中途売却に伴う損失見込額の計算方法に
　関する内部規則及び本件損失額の計算根拠のわかる書類

　(1)　文書の表示・趣旨

　　　「金融商品取引業者等向けの総合的な監督指針」Ⅳ-3-3-2 は，仕組債
　　の販売の場合の中途売却及び中途売却に伴う損失見込額について，具体

230

的でわかりやすい形で解説した書面を交付する等の方法により適切かつ
十分な説明をすることが必要であり，原則として中途売却できないもの
である時はその旨及び中途売却の場合の損失見込額の内容（試算額及び
試算額を超える額となる可能性）並びに顧客が許容できる損失額を確認
の上，最悪シナリオの場合は許容額を超える可能性があることを顧客に
理解できるよう説明しなければならないとしている。

　被告においても，上記説明のため，仕組債を中途売却する場合の，中
途売却に伴う損失見込額の計算方法に関する内部規則を定めているはず
である。

　また本件においても，中途売却に際し，多額の損失が発生しているが，
当然，中途売却価格の算定のための計算が当然なされている。

(2)　文書の所持者

　被告

(3)　証明すべき事実

　被告は上記説明のため，上記説明のための内部規則を定める必要があ
り，仮にそのような内部規則すら作成されていないとすれば，本件では，
説明がなされていない（不十分であった）と推定することができる。

　また本件の中途売却により，原告は多額の損失を余儀なくされたが，
その損失が合理的に算出されたものかどうかを検証する必要がある。

(4)　文書提出義務の原因

　民事訴訟法220条3号，同4号

以　上

資　料

資料③　参考図書

【救済実務でよく参照するもの】

甲斐道太郎・松本恒雄・木村達也編集代表『消費者六法（2016年版）』（民事法研究会）

証券関係法令研究会編『証券六法（平成28年版）』（新日本法規）

日本弁護士連合会消費者問題対策委員会編『金融商品取引被害救済の手引〔6訂版〕』（民事法研究会）

桜井健夫・上柳敏郎・石戸谷豊『新・金融商品取引法ハンドブック〔第3版〕』（日本評論社）

河本一郎・大武泰南・神崎克郎『証券取引ハンドブック〔第4版〕』（ダイヤモンド社）

今川嘉文『過当取引の民事責任』（信山社）

王冷然『適合性原則と私法秩序』（信山社）

角田美穂子『適合性原則と私法理論の交錯』（商事法務）

新保恵志『金融商品とどうつき合うか──仕組みとリスク』（岩波新書）

【基本書】　　※詳細な注釈書などは除く

黒沼悦郎『金融商品取引法入門〔第6版〕』（日経文庫）

河本一郎・大武泰南・川口恭弘『新・金融商品取引法読本』（有斐閣）

平下美帆『実務のための金融商品取引法〔第2版〕』（民事法研究会）

神崎克郎・志谷匡史・川口恭弘『金融商品取引法』（青林書院）

山下友信・神田秀樹編『金融商品取引法概説』（有斐閣）

近藤光男・吉原和志・黒沼悦郎『金融商品取引法入門〔第4版〕』（商事法務）

【執筆者一覧（50音順）】

今井　孝直（大阪弁護士会）
今井孝直法律事務所
〒530-0047　大阪府大阪市北区西天満 2-8-5　西天満大治ビル 4 階
TEL 06-6364-8527　FAX 06-6364-8518

内橋　一郎（兵庫県弁護士会）
みのり法律事務所
〒650-0023　兵庫県神戸市中央区栄町通 6-1-17-301
TEL 078-366-0865　FAX 078-366-0841
http://www.law-minori.com/

加藤　進一郎（京都弁護士会）
木内総合法律事務所
〒604-0931　京都府京都市中京区河原町二条西入ル　河二ビル 5 階
TEL 075-257-1546　FAX 075-257-1547
http://k-lo.gr.jp/

田端　聡（大阪弁護士会）
田端聡法律事務所
〒530-0047　大阪府大阪市北区西天満 3-1-5　英和ビル204号
TEL 06-6314-0039　FAX 06-6314-9808
http://www.tabata-law.com/

中嶋　弘（大阪弁護士会）
太平洋法律事務所
〒541-0043　大阪府大阪市中央区高麗橋 2-3-9　星和高麗橋ビル 3 階
TEL 06-6222-9180　FAX 06-6222-9280
http://www.taiheiyolaw.com/

松田　繁三（大阪弁護士会）
松田法律事務所
〒530-0047　大阪府大阪市北区西天満 2-9-14　北ビル 3 号館602
TEL 06-6311-1141　FAX 06-6311-1142

執筆者一覧

三木　俊博（大阪弁護士会）
太平洋法律事務所
〒541-0043　大阪府大阪市中央区高麗橋 2-3-9　星和高麗橋ビル 3 階
TEL 06-6222-9180　FAX 06-6222-9280
http://www.taiheiyolaw.com/

　　　　　　　※執筆者はいずれも全国証券問題研究会（現代表幹事：内
　　　　　　　　橋一郎）の会員である。
　　　　　　　　同研究会ウェブサイト
　　　　　　　　〈http://www2.osk.3web.ne.jp/~syouken/〉

事例で学ぶ金融商品取引被害の救済実務

平成28年9月10日　第1刷発行

定価　本体2,600円＋税

編　　著	三木俊博	
発　　行	株式会社　民事法研究会	
印　　刷	株式会社　太平印刷社	

発 行 所　株式会社　民事法研究会

　　　　　〒150-0013　東京都渋谷区恵比寿 3-7-16
　　　　　〔営業〕　TEL 03(5798)7257　FAX 03(5798)7258
　　　　　〔編集〕　TEL 03(5798)7277　FAX 03(5798)7278
　　　　　http://www.minjiho.com/　info@minjiho.com

落丁・乱丁はおとりかえします。　　ISBN978-4-86556-112-8　C2032　￥2600E
カバーデザイン：袴田峯男

▶被害救済の法理と実務を、最新の法令・判例等と共に詳説！

金融商品取引被害
救済の手引〔六訂版〕

日本弁護士連合会消費者問題対策委員会　編

A5判・717頁・定価　本体6,800円＋税

▷▷▷▷▷▷▷▷▷▷▷▷▷▷▷▷▷▷ **本書の特色と狙い** ◁◁◁◁◁◁◁◁◁◁◁◁◁◁◁◁◁◁

▶関係法令、判例、金融商品の内容はもちろん、相談時の留意点や証拠資料の収集・分析方法、提訴前の交渉、提訴・訴訟追行上の留意点などを解説！

▶デリバティブ取引や仕組商品について大幅に加筆したほか、新たに事項索引を収録してさらに便利に！

▶被害救済にかかわる弁護士はもちろん、各地で相談を受けている消費者行政関係者、消費生活相談員、消費生活アドバイザー・コンサルタントの方々、コンプライアンスの徹底が求められる証券会社・金融機関の法務担当者の必携書！

❖❖❖❖❖❖❖❖❖❖❖❖❖❖❖❖❖❖ **本書の主要内容** ❖❖❖❖❖❖❖❖❖❖❖❖❖❖❖❖❖❖

第1章　総　論

第2章　金融商品取引と損害賠償法
　第1　投資者保護と自己責任原則／第2　被害者救済のための法律構成／第3　因果関係／第4　損害／
　第5　過失相殺／第6　消滅時効／第7　損失補てん等の禁止と損害賠償

第3章　違法行為の類型
　第1　適合性原則違反／第2　説明義務違反／第3　合理的根拠の法理および合理的根拠適合性／第4　不当勧誘（断定的判断提供等、不当表示、その他）／第5　損失保証等を伴う勧誘／第6　過当取引／第7　助言義務違反／第8　一任売買（一任勘定取引）／第9　無断売買／第10　手仕舞い義務違反／第11　開示義務違反／第12　市場に対する不正行為／第13　インサイダー取引

第4章　各取引類型の概要と問題点
　第1　序論／第2　株式現物取引（狭義）／第3　信用取引／第4　投資信託／第5　公社債（債券）／第6　デリバティブ取引／第7　仕組商品（仕組債、仕組預金、ノックイン投信など）／第8　外国証券／第9　集団投資スキーム／第10　特定預金／第11　特定保険／第12　ネット取引／第13　その他（未公開株）

第5章　相談から訴訟まで（証券事件を中心に）

第6章　米国証券取引被害救済法の概要

第7章　英国金融商品取引被害救済法の概要

発行 Ⓢ **民事法研究会**

〒150-0013　東京都渋谷区恵比寿3-7-16
（営業）TEL. 03-5798-7257　FAX. 03-5798-7258
http://www.minjiho.com/　info@minjiho.com